けんすう（古川健介）
KENSUU

物語

STORY THINKING

「やりたいこと」が見つからなくて
悩む人のキャリア設計術

思考

幻冬舎

物語思考

「やりたいこと」が見つからなくて悩む人のキャリア設計術

《本書の使い方》

世の中のことはだいたいハウツーどおり

「やりたいことが見つからない」といって悩んでいる人がとても多いと感じます。特に若い人たちは、やりたいことを探すことに一生懸命に見えます。

そもそも、なぜ「やりたいこと」を追い求めてしまうのでしょうか？

それは、おそらく「やりたいことを見つけて、まわりの目を気にせず、ごちゃごちゃ考えることなく、夢中になってそれに人生を懸けたい」という理想があるからだと思います。

逆に「お金がほしい！」とか「いい車に乗って、いい時計をつけてモテたい！」という人は最近は少ないんです。とにかく「夢に向かって全力で人生を生きたい！」というニーズのほうが強いんですね。平和で豊かな社会でよかったです。

ぼくはインターネットでよく発信をしていることから、そういった悩み相談を受けることが多いのですが、そういう人へのアドバイスとして、このようなことをよく言っていました。

「泳ぐ前に泳ぐのが好きかどうかはわからないですよね？　一度泳いでみたほうがいい。それと同じで、興味がありそうなものをとりあえずやってみたらどうですか？」と。

これはビジネス書とかでよく見る「まずは行動してみたら」系の提案です。しかし、こういうアドバイスを聞いた多くの人は、「そうか！」となって一瞬やる気が出るんですが、しばらくすると「不安で行動できない」という悩みが出てきます。

じゃあ、どうすればいいか……と考えたのですが、まず、その「不安」の種類としては、次の3つがあるのだと思いました。

1つ目は「人から変に思われるんじゃないか」「やってみたけど、自分に合わなくてすぐあきらめたりしたら、バカにされるんじゃないか」「うまくいかなかったら恥ずかしいんじゃないか」といった「人の目が気になる系」です。

2つ目は「食いっぱぐれたらどうしよう」「将来それでお金が稼げずに貧乏になったらどうしよう」のような「将来が不安系」です。

3つ目は「変化するのが怖い」という「現状維持したい系」です。

逆に言うと、これらの不安を乗り越えて行動できれば解決するんじゃないかと思ったので、その答えを提示するためにこの本を書き始めました。

多くのビジネス書は使い勝手が悪い

世の中には、「やりたいことを見つけたい」という人向けの本はたくさんあります。

そして、その多くが「好きなものを見つけろ！」「夢中になれ！」「リスクを恐れずに行動せよ！」みたいな感じだったりしますよね。そういう本を読んで「よし、やるぞ！」と思うのは数日くらいで、すぐに元の生活に戻ってしまう人も多いと思うんです。

そういうビジネス書やノウハウ本は、一時的にはテンションが上がるので「栄養ドリンク」のような感じで使うにはいいと思います。でも、長期的な視点で見ると、いまいち使い勝手が悪いのです。

本書はそういう「やりたいことを見つけろと言われても、見つけ方がわからない」という人や「行動しろと言われてもできない」という人を対象にしています。

どうやればいいかわからない人への「マニュアル本」であり、身も蓋《ふた》もなく「やり方」を提供する本です。なので、精神論などはほとんどありません。

「ぼくはこうやるといいと思いますよ」という、ただのハウツーです。栄養ドリンク的なビジネス書のように、やる気が出たり、救われた気持ちになったりする効果は皆無です。説明書を読んでもテンションが上がらないのと一緒ですね。

なので、すでに夢を見つけている人や、ガンガン行動できる人にとっては、死ぬほど回りくどい本だと思います。

ぼくも動けない人間だった

申し遅れましたが、ぼくは「アル」というクリエイティブ系のインターネット会社をやっている古川健介と申します。インターネット上では「けんすう」という名前で活動しています。

なぜぼくが「やりたいことを見つけられない」「行動できない」人に向けて本を書いているのかというと、ぼく自身がまったくそのとおりの人間だったからです。

ぼくは小学校の頃から、勉強はできない、運動はぜんぜんダメ、美術や音楽もかなり成績が悪い、と基本的に「何をやらせてもダメ」なタイプでした。性格も明るくないし、社交性もなく、将来がとても不安な子でした。

高校生になって、さすがに自分でもこのままで大丈夫かな……という気になったので「よし、正社員を目指そう」となんとなく目標を立てました。大きな夢なんてなかったのですが、「とりあえず大学に行って、就職をすればなんとかなるだろう」くらいの感覚です。

勉強はできなかったので、とりあえず予備校に行きました。そこでの体験が、結構強烈だったんです。

いつも勉強を教わっていた学校の先生は、「学問とは何か」についてとうとうと語ったり「将来役立つから勉強することは大事だ」と言ったりする人ばかりだったので、そういうものだと思っていたのですが……。

予備校の先生は、「とにかく受験で点数をとって合格すればいい。だから、点数をとれるマニュアルを教えます」という感じだったんです。

それまでぼくは、勉強は「その学問の本質」とか「学ぶことのすばらしさ」などを知らないといけないと思っていました。でも、予備校は「大学に受かるために、点数をとるだけ」という身も蓋もないやり方を提供してくれたんです。それがぼくには、とても心地よかったんです。

そして、そのとおりにやってみると、悪かった成績もみるみる上がっていきました。古文では「この助詞があった場合は主語が変わる」とか、英語だと「主語と補語は当然イコールだ。ということは、構造が似ている場所をチェックすれば、言い換えている内容がわかる」といった、点数をとるための「ハウツー」を学んだおかげです。

そこから「そうか、世の中のことはだいたいハウツーどおりにいけば大丈夫だな！」と考えるようになりました。

結局、現役では志望校に受からなかったので浪人したのですが、そのときも「とにかく受験に合格するための情報を集めれば勝ちだな」と思っていたので、勉強するよりも先に、大学受験生用のコミュニティサイトを作りました。当時は、受験情報なんてネット上にほとんどなかったので、受験のノウハウをユーザー投稿できる仕組みを作ってみたのです。

ニーズがあったのか、そのサイトは１日に５０００件以上投稿があるサービスに成長しました。そして、そこでの情報をもとに、大学受験では私大最難関の第一志望校に合格できました。社会人になってからもノウハウ本を読みまくり、仕事力をつけていったのですが、そのハウツー熱はとどまるところを知らず、２００９年には「ハウツーを作る」というコンセプトの会社を立ち上げました。

その会社で作ったサービスは、ピーク時で月に２５００万ユーザーが訪れるほどになりました。

マニュアルどおりやれば誰でもうまくいく

どうしてぼくがこんなにハウツーが好きかというと**「マニュアルどおりにやれば、誰でもうまくいく可能性が高い」**からです。料理の素人がハンバーグを作るなら、まずはレシピを参考にすべきでしょう。

レシピ本を読まないまま、「ハンバーグの作り方がわからない……」と言って悩んだり、失敗して「自分には料理の才能がないんだ」と落ち込むのはムダなんです。

また、本を参考にするにしても、「食べてくれる人の笑顔がいちばん大事」という心得について書かれた本や、「レシピどおりに作るだけじゃなく、自分で考えるオリジナリティが大事」という応用的な本を読んでも、意味がないわけです。

それらも大事ではありますが、今の課題解決に適した本を読まなければ、現状は変わりません。

何かを成功させるためのコツは、「最初は自分の頭で考えない」ことです。多くの場合、すでにノウハウは存在するので、まずはそのとおりにやってみるんです。本当に自分の頭で考えないといけない領域までは、なるべくハウツーを使って最短距離で進むのがおすすめです。

まずはハンバーグのレシピを覚えて、作れるようになってから、本質的な価値を見出すことや、自分の頭で考えることをしたほうがいいんです。どこかで絶対に、自分の頭で考えないといけないシーンはやってくるので、そこまでは最短距離で人の知識に乗っかったほうがいいはずです。人類はそうやって進化してきたので……。

というわけで、「やりたいことを見つけて、行動できるようになりたい」という人向けのレシピみたいなものを目指して、この本を書きました。

具体的に、本書『物語思考』を読んでほしい人は、

- 「行動したほうがいい」のはわかるけど、なかなか行動できない人
- やりたいことは特になく、あったとしても自信がない人
- 何をやればいいかわからないけど、情熱的で充実した人生を送りたい人

みたいな感じです。

そういう人のために、構成としては、以下のステップで説明していきます。

①自分を制限している頭の枷《かせ》をとる
②なりたいキャラクター像を設定する
③そのキャラを実際に動かす
④そのキャラが活きる環境を作る
⑤そのキャラで「物語を転がす」

もちろん、こんな本を書くからには、『物語思考』を多くの人が実行して、こうなってほしい」という理想像があります。それは、シンプルに「多くの人がプロセス自体を楽しめるようになっている状態」です。

幸せと成功は違う

ぼくは、人生で目指すべきは「自分が幸せな状態であること」だと思っています。これに関して、異論を持ち出す人は少ないはずです。みんな、幸せなほうがいいはず。

ただ、多くの人は、幸せになる＝成功する、と考えがちです。

「成功する」とは、辞書的な意味だと、「普通では困難な目的が成し遂げられること」を指します。たとえば「お金持ちになる」とか「大きな会社の社長になる」とかですね。

それはそれで素敵なことではあるんですが、それ自体が幸せにつながるかどうかはわかりません。というのも、その状態は「ゴールを達成した」だけだからです。

極端な例を出しますが、たとえば会社で出世して社長になるのが夢だという人がいたとします。毎日激務で、プライベートも犠牲にして、同僚から疎まれながらも出世街道を突き進み、いろいろな人を蹴落として社長になったとして……、それが「幸せか」と言われると、ちょっとわかりません。

しかしぼくらは、「成功は、苦労して努力して、苦難の道を乗り越えて、たどり着くもの。だからこそ幸せなんだ」というふうにイメージしてしまったりします。なんとなく「苦労の対価として成功があり、成功すると幸せがくる」みたいな図式をイメージしているのかもしれません。

しかし、「いい大学に入るぞ」とがんばって合格したにもかかわらず、受験で燃え尽きてしまって精神的に落ち込み続けた大学生活を過ごす人もいますし、一生働かなくていいほどのお金を手に入れたはいいものの、日々の退屈が苦痛で仕方がない、という人もいます。

つまり、ゴールに到達し、ある意味で成功したとして、それが必ずしも幸せにつながるわけではないということです。

幸せとは、今（プロセス）が充実している状態

何かを成し遂げるのに、苦労や嫌なことがあるのは当たり前です。ぼくは会社経営やサービス作りをしているわけですが、その活動のうち7～8割はやりたくないことや憂鬱なこと、面倒なことです。

しかし、「この先にきっといいことがあるから今は我慢する」という感覚で取り組んでいるわけではありません。どちらかと言うと、「日々、嬉しいことや喜びも、嫌なことや苦労も、どちらも無数にある」ことを、そのまま受け入れているような感じです。

プロダクト作りで言えば、日々、大変なことが起こり、苦しみ続けている一方、商品が売れたことや、お客さんが喜んでくれることに伴う、ものすごく大きな嬉しさを感じられる瞬間もあるわけです。

そして、そのような**喜びと苦しみが混ざり合った日常こそが、もっとも充実感があり、幸福度の高い過ごし方だと、ぼくは捉えています。**

「1年間ずっと嫌なことをやり続けて、なんとかゴールにたどり着いたら、その先はずっと幸

せ」みたいに、パチッと切り替わるものではないんです。

つまり、何が起ころうとも「今が充実している」と感じられる状態こそが、目指すべきものだと思っています。

この本では、「物語思考」の考え方をインストールしてもらうことで、ゴールにたどり着くかどうかよりも、「今の状態が楽しい」「今やっていることが充実している」と感じられる人が増えるといいなと考えています。

これは、単に快楽を得るための手法とはまったく異なる話です。おもしろい作品を観たり、ゲームを楽しんだり、おいしいものを食べたり、好きなものを買ったりすることで、人間は快楽を得られます。

そういった快楽はお金で買えますが、「一人のお客さんが5000円の商品を買ってくれた」という喜びは、お金では買えません。それが、仲間と一緒にがんばって、知恵を絞って得られた結果であれば、なおさら嬉しいんですね。

そういう「今」があるからこそ、幸せを感じられるわけです。

成功者ではなく、幸せな人を多くする本

その意味で、この本は一般的な「成功本」ではないですし「自己啓発本」ともちょっと違い

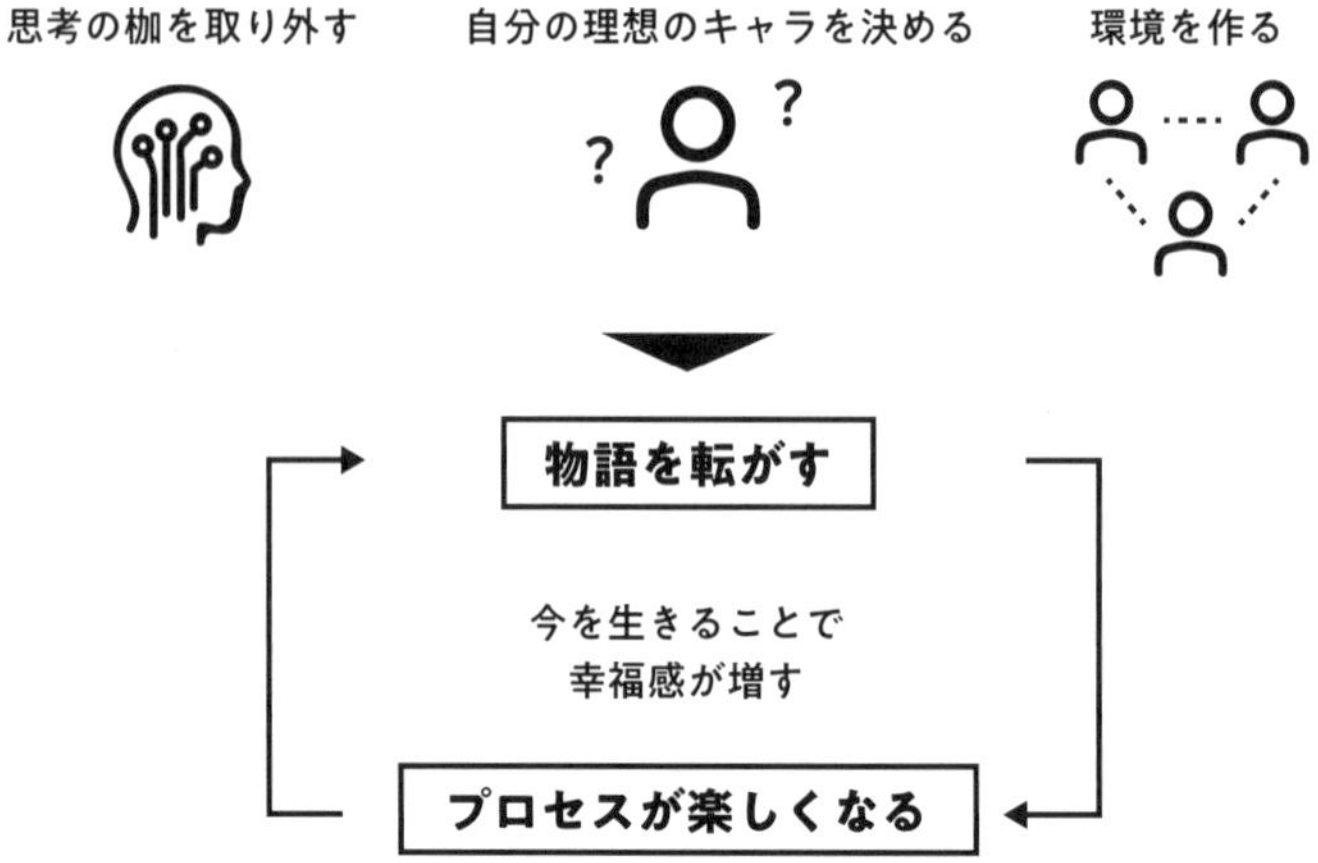

ます。

本書で言いたいのは、自分を高めたり成長させたりする、というよりも**「思考の組み立て方を少し変えるだけで、人生が生きやすくなるし、幸せな状態に移行することができる」**ということです。

成功する人を増やしたりするのは大変かもしれませんが、幸せは自分の状態を変えるだけなので、実現しやすいと思っています。また、不幸を感じている人がいきなり自分を１００％の幸せに持っていくのは難しくても、１００の不幸が80になって、最終的に50くらいになるのも、立派な前進だと思っています。

ということで、まとめると、『物語思考』は、

・今に充実感を持てるようになり、幸せになる人を増やす
・そのための方法を紹介する
・その方法とは、考え方をずらしたり、生きやすい道を

見つけたりすること
・実践しやすいように具体的な内容にする

という本だよ……という話でした。少しでも、やりたいことを見つけたい人や、行動できないと悩んでいる人の参考になれば幸いです。

目次

物語思考　「やりたいこと」が見つからなくて悩む人のキャリア設計術

ステップ1　頭の枷を外しながら、なりたい状態を考える

ステップ2　「キャラ」の作り方

オープニング

「物語思考」とはなにか?

この本で目指しているのは、「物語思考」という考え方を使って、頭の枷を取り外し、自分のキャラを作ることで行動しやすくして、今を充実させる、というものです。

では、いったい「物語思考」とはなんでしょうか？

一言でいうと「自分の理想どおりに人生を過ごすためには、いっそ一つの物語を作るように考えたほうがいいよ」ということです。

自分を主人公にして「物語を進めるように」人生を送ること。これが「物語思考」です。

若干うさんくさいというか、気持ち悪い自己啓発本のように見えてしまうかもしれませんが、身も蓋もないことを言うと**「自分を客観視しやすい状態にしておいたほうが、本質的な対策を打ちやすい」**ということです。

みんな「やりたいことがない」と悩んでいたり、「仲間が見つからない！」という障害があったり、「チャレンジするのが怖い」という不安を持っていたりしますよね。でも、「物語思考」で考えるだけで、いい意味で他人事《ひとごと》感が出て、多くのことを楽しみながらクリアしていけるようになります。

チャレンジや失敗は、普通に考えると怖いものです。明日から突然海外に行って働くとなったら、ものすごく怖い。それよりは、ある程度の不満があったとしても現状維持のほうが安心ですよね。

でも「物語思考」だと、チャレンジや失敗をしないほうがリスクになります。なぜなら、何も起きない人生は物語としてぜんぜんおもしろくないからです。主人公が今いる街から出ようとしなかったら何の冒険も始まりません。仲間も増えないし、ただのつまらない日常が流れていくだけになります。

つまり、「物語思考」とはイメージとして「小説を書く」みたいな感じに近いです。

自分という「主人公」のなりたい姿を決め、「キャラ」を設定します。それから、キャラが活きる環境を作って、物語を「転がして」いきます。自分を物語のキャラとして扱うことで、他人事化して、客観的に見ていくことができます。

自分自身のことだと怖くてたまらないことでも、自分が書く物語のキャラにすぎない、と思うと、「あ、ここでこういう行動をさせたほうがいいな」とかがわかったりする、ということです。

といっても「人生を物語のように考えよう、と言われてもどうしたらいいかわかんないよ!」となると思うんですが、その方法をくどいほど説明していくのが本書です。

物語という「過程」を楽しむ日本人

ぼくはこの「物語思考」は、日本人に合っているやり方なのではないかな、と思っています。

ありがたいことに、ぼく宛てに「本を書きませんか」、という依頼がよくきていたんですが……、そのたびに「世界中のいろいろな良いビジネス書があるから、ぼくが書かなくてもいいじゃん」と思っていたのですね。

しかし、「物語思考」については、日本のような国からしか生まれない発想なのではないかと気づき、書いてみようと思ったのです。なので、おそらく日本の読者の方には実践しやすいんじゃないでしょうか。

その理由は2つあります。

1つ目は、日本人は、ゴールを達成するよりも、その過程のほうを愛する傾向があることです。めちゃくちゃざっくり言うと、欧米は「神から与えられたミッション」があって、それを達成するには手段を選ばない、という考え方をしているんですね。中国も「天からの使命」みたいなイメージを持つらしいです。

今っぽく言うと、アメリカや中国は「ハッカー文化」。成し遂げたい使命のためだったら、手段は選ばない、達成することが大事だ、という考え方です。

一方で、日本の伝統芸能は、茶道や武道など、「道」という言い方をすることがあります。これは「ゴールがどこか」よりも、「どうやるか」という過程のほうが大事ということの表れなのではないかと思っています。

道には基本的には終わりがありません。こうした点からも、**日本人はゴールすることよりも、ゴールまでの道のりを極めるほうが好きなのではと思うのです。**欧米や中国が「ハッカー文化」だとしたら、日本は「オタク文化」と言えます。

アメリカでは一流の芸能人は「セレブ」と呼ばれたりして、完成されきっている人が、プロとしての実力を見せて、人を楽しませますが、日本では、未完成でも応援したくなるようなアイドルが人気になったりします。

これは、がんばっている姿をみんなで応援するという「過程」を楽しんでいるわけですが、それも似た事例と言えるのではないでしょうか。

そして2つ目は耳慣れない言葉ですが、「依代《よりしろ》文化」です。日本は欧米のように「自分という強固なアイデンティティがある」というよりも、場所によって、自分のキャラを変えがちです。

日本人はＳＮＳなどにおいても、アカウントをたくさん持つ傾向にあります。アイデンティティは一つではなく、人との相対的な距離感で自分のキャラが決まったりしがちです。家の自分と、学校や会社の自分、友だちといるときの自分でキャラが全然違うという人も少なくありません。

また、似た話で言うと、ロボットに対する価値観も、欧米と日本では大きく違います。欧米の人は、司令塔から遠隔操作したほうがいいという発想です。危ないですからね。また、「ロボットは人ではない」という感覚が強烈にあるとも聞きます。一方、日本は**『機動戦士ガンダム』のようにロボットの中に人が入って操作する創作物が多くあります。**

このように**日本人は過程を大事にする傾向があるのと、自分のキャラクターをある程度自在に変えることができる**ので、欧米的な「自分のミッションを決めて、それに向かって邁進《まいしん》する」といった方法論よりも、「自分のキャラを決めて、それを演じきる」という「物語思考」のほうがしっくりくるんじゃないかなと思っています。

日本の若い人が、「自分の個性やアイデンティティを認識した上で、自分の人生のミッションを決め、それに邁進する」というのは実は難しい。やりたいことをやれ、と言われても、それがわからないからずっとモヤモヤと「何がやりたいんだろうな……」と探して悩む、ということになってしまっているのが現状ではないでしょうか。

なので、**「物語思考」では「やりたいこと」を設定するのではなく、まず「なりたい状態をイメージ」することからスタートします。**「何をしたいか」（Do）を考えるのは難しくても、「どうありたいか」（Be）はイメージしやすいんですね。

将来の夢を聞いたときに「かっこいい大人になりたい」「土方歳三のようになりたい」などであれば、スラスラ答えられる人も多いのではないでしょうか。そんなイメージです。

そんな感じで、なりたい状態を想像した上で、キャラを決める、というのが本書の超基本的な原則です。

この本の流れについて

ここで、この本の流れをもう少し細かく説明します。

まずステップ1では、自分のなりたい状態を想像しながら、「頭の枷」をとる作業をします。ほとんどの人はいきなり行動できません。挑戦するうえでは、無意識に脳内にある枷が障害となってしまうことがたくさんあるので、それを一つひとつ取り除いてみます。

ステップ2ではあなたの「キャラ」を作ります。ここが一番重要です。キャラといっても、「明るいキャラ」「破天荒なキャラ」みたいな感じで解像度の低い「キャラ」だとうまくいきません。というわけで、このステップではキャラの作り方を割と丁寧に解説します。

ステップ3では、そのキャラを行動させる方法を考えます。行動させることで、キャラが強く定着していくので、じっくりとやります。

ステップ4では「環境の作り方」を考えます。人間は弱い生き物なので、キャラを作り行動し始めても、環境の力でよくも悪くもなります。

環境が人を決めると言っても言いすぎではないくらいです。なので自分が設定したキャラを無理なく続けられる環境にいかに飛び込んでいくかという話をします。真正面からいくだけでなく横道からチャンスを摑む方法も教えます。またＳＮＳで応援してくれる人を増やす方法についても解説します。

ステップ5は「物語の転がし方」です。なにかにチャレンジして人生を進めていくことをぼくは「物語を転がす」と言っているのですが、その具体的な方法をお伝えします。大きなチャレンジをして、時に失敗しながらも壁を乗り越えていく物語が最高なんですが、普通は恐怖や不安のほうが勝ってしまいますよね？　その乗り越え方をいろいろな角度から伝授していきます。

エンディングは「物語にゴールはない」という話です。「本書の使い方」でも書いたように、今が充実している状態が一番楽しいので、ゴールを設定するのではなく、楽しく続けられる物語を生きることが「物語思考」の本質です。

では、さっそくステップ1にいってみましょう。

ステップ1

START

頭の枷《かせ》を外しながら、なりたい状態を考える

頭の枷《かせ》を外して自分の「なりたい状態」を見つけよう

ステップ1に入るまでに、結構なページを割いてしまいました。事前に言っておきますが、この本は基本的に前置きが長いです。その方法をとる理屈があったほうがイメージしやすいからです。

正しい理屈も、怪しい理屈も、こじつけの理屈もありますが、全体を読んだときに、本から学んだことを自分の糧にしやすいほうがいいと思っているからこういう形態をとっているので、**長いなと思ったら適当に飛ばしながら読んでください。**

さて、ここからはようやく「物語思考」を実践する具体的な方法をお伝えしていきます。このステップ1では行動できない人の「頭の枷を外す」方法をお伝えします。

「何をしたいか／やりたいこと（Do）」ではなくて「どうありたいか（Be）」を作ったほうがいいよね、ということを先ほどお話ししました。行動をイメージするのは難しいのですが「なりたい状態」を想像するのは意外と簡単だからです。

しかし、多くの人がこれをやろうとすると、とても現実的な範囲で想像してしまいます。以前、相談してきた方に「何の制限もなかったとしたら、どうなりたいかを書いてください」と言ったときに出たのが「年収６００万円」だったのですね。何の制限もないのであれば、１０００万円と書いてもいいし、１億円と書いてもいいはずです。しかし、勝手に自分の限界を決めてしまっているわけです。

これをぼくは「頭の枷」と呼んでいます。枷とは、手足の自由を拘束するもののことです。これがあると、そもそも「物語として全然つまらないものを目指してしまう」ので、ワクワクしないんですね。

なので、頭の枷を取り除いた状態にして、そこからなりたい状態を考えるのがステップ１です。

「なりたい状態」こそが行動に影響を与える

「なりたい状態」を言語化する方法をこれから紹介したいと思うんですが……。その前に、なぜ「なりたい状態」を自分で把握して、言語化しておくのが大事なのか？　という話をしておきます。

それは**「過去からの積み重ね」よりも「未来になっていたい状態」のほうが、現在の行動に影響を与えるから**です。

多くの人は「過去からの積み重ね」によって今の自分がある、と考えがちです。「昨日までこうしてきたから、今の自分がある」と感じます。

これは学校教育を受ける中でもよく言われることです。「毎日勉強をした努力は裏切らない」とか「今までやってきたことは無駄じゃない」とか、そういうことをよく言われますよね。だから、この考えは間違っていないような印象があります。

しかし実は、過去からの積み重ねよりも「未来の状態」を設定することのほうが、現在の行動への影響度は高いんです。

想像してみると簡単です。

「10年間、毎日野球をやっていた」という人がいるとします。10年間やっていたのだから、過去からの積み重ねで考えると、今日も野球をやりそうですよね。

しかし、その人がよく考えた結果「将来はプロのテニスプレイヤーになりたい」と本気で思ったら、どうでしょうか？　おそらく、今日は野球ではなくてテニスの練習をすると思うんです。

人間、過去にやってきたことを惰性で今日してしまうことが多いから、なんとなく過去の自分のほうが今の自分に影響を与えそうな感じがしますが、現在の行動には未来になりたい自分像のほうが影響を与えるんですね。

というように「未来にこうなりたい」ということが決まっていると、現在のやるべき行動が決まるのです。

過去にどれだけ勉強していなかったとしても「東大に行きたい」という人は、今から勉強をするでしょう。「将来、大金持ちの成功者になりたい」という人は、それに向けての行動をするはずです。

「なりたい状態」を言語化しよう

このように過去から今までやっていたことは、意外と今の自分の行動に影響を与えません。でも未来の「なりたい状態」は、今の自分の行動に影響を与えます。

もちろん、過去が無駄だとは思いません。先ほどの例だと、野球を10年間やってきた人の基礎体力や、野球の経験は、きっとプロのテニスプレイヤーを目指すときにも役に立つはずです。

しかし、今まで勉強してこなかった人に対して、「勉強は積み重ねだからね、今からやっても無理じゃない？」と言っても、やる気がなくなって勉強しなくなりますよね。だから「未来のなりたい像を決めて、それから逆算して自分の現在の行動を変えよう」と言うほうが合理的なはずです。

「だけど、過去から今まで何もしていなかったから、きっと無理ではないか……」と思う人もいると思います。

でも論理的に考えてみてください。まず、「過去は変えることはできない」というのは動かしようのない事実です。さらに、「何かをやるなら、人生でいちばん若いうちから行動を始めるのが、いちばん有利」というのも自明です。この2つを踏まえると、「やらなかったことを後悔する」というのは無駄な行為であり、それよりも**「将来像を決めたうえで、たった今から行**

動を始める」ほうが合理的なんです。

たとえば今が30歳だとして、5年がんばれば、何かを成し遂げられるとします。１００歳くらいまで生きるとしたら、残りの人生はおそらく70年くらいあるわけです。今、何もしなかったら、残りの70年間ずっと「あー、30歳からやっておけばよかった」とか「うわ、40歳からでもやっておけばよかったじゃん」と思うことになると思うんですね。

だから「過去に何もしていなかったから……」という気持ちは忘れたほうがいいです。

それでも「いやいや、もう今さら私が何かをやるのは、さすがに遅いですよ」と思う人もいると思うので、もう一つだけ、具体的なエピソードを紹介します。

野球選手のダルビッシュ有さんが、インタビューでこんなことを言っていました。ダルビッシュさんは、とある試合のあと「このままでは俺は二軍の選手になってしまう。何かを変えないといけない」と思ったそうです。そのときに「今までの人生は約20年間だったけど一瞬だった。40歳になるまでもまた一瞬だろう」と思ったらしいんですね。

そこで、もし40歳になって、選手をクビになって何も仕事がない状態のときに神さまが現れて「一回だけチャンスをあげるから20歳のときに戻っていいよ」と言われたらどうか？　と想像したらしいんです。「今、神さまに言われて20年前に戻ってきたんだ。そうしたらどうするか？」と考えると「絶対に努力するよな」と思って、がんばろうと思えたのだそうです。

というわけで、「未来になりたい姿を言語化しておいて、現在の行動を変えるといいよ」という話でした。

とはいえ、「何かを始めるのはものすごいパワーがいるし、だいたいの人はやろうと思っても長くは続かない」という問題はあります。というわけで、頭の枷を外しながら自分のなりたい状態を思い浮かべる具体的な方法を教えます。

「10年後になりたい状態」を100個書く

それではどうやって未来の自分を想像するのでしょうか。

それにはまず**「10年後に自分がなりたい状態を、制限なしに100個くらい書く」**のがおすすめです。

できればカフェなどで、がっつり時間をかけて書き出してみるといいと思います。粒感はなんでもいいです。「エルメスのバッグを持つ」でもいいですし「膝が悪いので病院に行く」みたいな「それタスクじゃない？」というレベルでも、とりあえずは大丈夫です。

どうせ誰かに見られるものでもないですし、笑う人もいません。自分がワクワクするようなものを書きまくる、というのがいいです。では、書いてみましょう！

ヒントとして、左の項目を参考にしてください。

10年後になりたい状態を100個書き出してみよう

10年後にいくらくらい年収があるといいか？
10年後にいくらくらい資産があるといいか？
始めたい趣味は？
興味があるスポーツは？
健康維持のためのトレーニングはしている？
どんなライフスタイルがいい？
いつか欲しいものは？
いつか住みたい場所は？
いつか行きたい場所は？
いつか会いたい人は？
旅行するとしたらどれくらいの頻度？
体験したいイベントはある？
どんな家に住みたい？

どんな職場で働きたい？
どんな職業につきたい？
どんなスキルを身につけたい？
仕事ではどんなポジションがいい？
どんな成果を出したい？
どんな社会的地位を目指したい？
果たしたい役割などはある？
積みたい経験はある？
どんな人と付き合いたい？
今の恋人と10年後も一緒にいたい？
結婚はしたい？
子どもは欲しい？
どんな家庭を持ちたい？
家族とはどんな関係になっていたい？
どんな人と友だちになりたい？
所属したい組織やコミュニティはある？
自分の時間は何に使いたい？

……書けたでしょうか？

たぶん、ほとんどの人が書かずに先に読み進めていると思いますが大丈夫です。そんなものです。ぼくも、こういう本を読んでいる最中にいきなりワークを入れられたら、あとでやろうかな、と思って飛ばしちゃうので、それでいいです。暇なときに思い出したらやってみてください。

すべてのワークは各ステップの最後についていますので、読みながらやるもよし、読み終わってからやるもよしです。

多くの人は、30〜50個書いたらネタが尽きてしまいます。そのときは、無理やりでも１００個まで書いてみるのがおすすめです。あとから読み返したら、最初のほうに書いたものは実はどうでもよくて、最後のほうに無理やり書いたもののほうが意外と大事だったりすることもあるんです。

もし書けなくても大丈夫です。暇なときに考えてみて、思いついたら書き加えていけば大丈夫です。何を書いてもいいので、楽しんでやっちゃってください。

「こうはなりたくない」から考えるのもアリ

やってみて、「〝なりたい状態〟も出せない……」と困ってしまう人もいるんじゃないでしょうか。

そういう人には、順番として、**「こうなっていたらイヤだな」というネガティブな状態を先に挙げてみて、それからその「逆」を考えることをおすすめしています。**

多くの人は、ネガティブなことのほうが思い浮かべやすいんです。今日食べたいものを考えるのは難しくても、今日食べたくないものを考えるのは意外とかんたんです。少なくとも、自分が食べたくないほど苦手なものは、今日食べたくないものになるはずなので。

たとえば、「明日ごはんを食べるお金がないとイヤだな」とか「毎日、好きじゃない上司の下で怒られながら仕事をするのはイヤだな」などは思いつきやすいはずです。

嫌なものを書けるだけ書いてみて、眺めてみて、そこから逆のことを書くことで、「なりたい状態」を出してみてください。

「ブレーキ」を外す

……で、これをやってもらうと、多くの人が「制限なしに書いて」と言われたのに、勝手にブレーキをかけて書いちゃうんですね。

「年収は１０００万円で」とか「いまの会社で部長になる！」と書いた人もいると思うんですが、制限なしなので、たとえば「年収1億円」でも「社長になる」でもいいわけです。なのに、なぜ１０００万円にしたのか？　つまり自分の中で勝手に「これはさすがに無理だろうライン」を引いてしまっているわけです。これが「頭の枷」です。

そこで、次のステップでは「勝手に制限をかけていないか？」をチェックします。「そう言われてみれば、年収は1億円のほうがいいな」と思ったら、それをリストの横にメモしておきます。

制限を突破するヒントとしては、「数字を2倍にしたらどうだろう」とか「数字を半分にしたらどうだろう」とかで考えてみるといいです。年収１０００万円と書いたけど、２０００万円のほうが嬉しくないか？　とか、労働時間を週に30時間にしたい、というのを15時間にする、だとどうか？　などと考えてみます。

注意してほしいのは、頭の枷を一気に取り外そうとして「じゃあ年収1兆円を目指します！」と言う人が出てくることです。これは単に極端な例を言っているだけなので意味はありません。そんな人は存在しないし、現実的ではないからです。

そういうことをするのではなくて、あくまで**自分の現実的な感覚の中で、理想の形を拡張していく、というのが大事です。**「難しいかもしれないけど、こうやってみると、このくらいはいけそうだな」という自分の中での納得感がないと意味がありません。

たとえば、年収１０００万円以上の人は日本人の全体の４~５％いるので、あり得そうですし、年収１億円だとしても、日本に2万人いるので、「絶対にあり得ない」というわけではありません。

それでもイメージがつかない、という人のために一つ例を出します。

アメリカのカリフォルニア州サンフランシスコのエンジニア給与の平均は２０２２年１月時点で、14万３７６６ドルらしく、日本円にして１８００万円くらいです。Appleの開発者の平均年収は２０００万円を超えます（indeed 調べ）。20代でこのあたりの年収になる人もゴロゴロいるんだとか。

ということを踏まえると「プログラミングができるようになって、英語を勉強して働けるようになって移住したら、意外と２０００万円とかはあり得るのかも」というのがわかります。

年収１兆円、という単に大きな数字を言ってもどうやればいいのかがわからないので意味がありませんが、今説明した事例を知るだけでも、「英語とプログラミングができたら年収２００

0万円が見える」というのがわかります。

「なりたい状態」を思い浮かべるときに、多くの人が思考停止したりワクワクしたりしないのは、勝手に自分の限界を決めてしまっているからです。**妄想するのは無料なので頭の枷を外すことが大切なのです。**

まあ、このあたりの現実的な感覚とかは、だんだん基準も上がってくるので、いまは「なりたい状態を、もう一段階、理想に近づける」作業だというくらいの感覚で大丈夫です。

こんなのはいくらでも書き直しができるので、最初から完璧を目指さないほうがやりやすいと思います。ぼくらはすぐに完璧を目指して、初めて失敗しただけで諦めちゃうんですけど、心持ちとしては**「20点くらいのものができればいい」といったハードルの低さで始めるのがおすすめです。**

トラウマやコンプレックスとの向き合い方

「未来になりたい状態が現在の行動に影響を与えるんだ」と言われても、トラウマやコンプレックスによって、どうしても過去の影響が出てしまうという人もいるかもしれません。

実際に、そういった質問をもらうことも多いです。そこで、過去に起因するトラウマやコンプレックスとの付き合い方についても書いておきます。

まず前提として、そのコンプレックスやトラウマの程度によって対策は変わります。ＰＴＳＤなどの場合は、然るべき医療機関にかかることから始めるべきです。

その上で、たとえば「学歴が高くない」とかの、なかなか解決できないコンプレックスについては、事実と解釈を分けることからスタートします。

「〇〇大学卒業」という事実に対して、「〇〇大学卒は高い学歴ではない」と思ってしまうのは解釈です。さらに「自分は頭が悪い」「ダメな人間だ」というのも解釈です。

なので、「自分は〇〇大学出身だ」という事実だけを見るようにして、「自分は頭が悪いんだ」というのは解釈としておきます。これらを一度、ノートなどに書いてみます。

【事実】

・自分は〇〇大学を２０１５年に卒業した

【解釈】

・自分は頭が悪い
・自分は頭がよくない大学の出身だ
・自分は大学名のせいで損している
・自分は大学名のせいでなめられている

みたいになりますね。また、「えー、〇〇大学出身なの？　バカなんだね」と昔言われたことがトラウマだったりするなら、それも追記してみます。

【事実】

・自分は〇〇大学を２０１５年に卒業した
・△△さんに「〇〇大学出身なの？　バカなんだね」と言われた

【解釈】

・自分は頭が悪い
・自分は頭がよくない大学の出身だ
・自分は大学名のせいで損している
・自分は大学名のせいでなめられている
・△△さんは、自分のことをバカだと思っている

みたいな感じです。「△△さんは自分のことをバカだと思っている」というのも、事実っぽく見えますが、それってあなたの解釈ですよね。

言われた言葉は事実でも、相手が本当にそう思っているかはわかりません。相手は単に、過去に〇〇大学卒の人から嫌なことをされたから、〇〇大学卒の人が嫌いで強い言葉を使っただ

けかもしれませんし、冗談のつもりかもしれませんし、あえて言うことで奮起させようとしたのかもしれないですし……。

という感じで、相手の頭の中をのぞくことはできないので、真意はわからないわけです。このように、事実と解釈をしっかり分けるのが第一ステップです。

その上で、その解釈をした理由をノートなどに書いていってください。

【解釈をした理由】

・自分は頭が悪い

……仕事で言われたことを理解できないときがある。難しい本を読んだときも理解が追いつかず、何度も読み直すことが多い。みんなで話しているときも、頭の回転が遅いせいか、うまく会話に入れないときがある。

みたいな感じです。ここはなるべく「出しきったぞ」と思えるくらいたくさん書くのがいいと思います。

こういうネガティブなことを書くのは、結構みんなスラスラできるので、どんどん書いちゃってください。

そして次に、ノートの反対側のページに、今書き出した、「自分は頭が悪い」と解釈した理由に対して、それぞれ反論を書いていきます。これも、相手を否定するようなことを書くのは結構誰でも得意なので、ガンガンと否定していきましょう。

コツとしては、「私は〜」みたいな言い方じゃなくて、客観的に、自分の名前を使うことです。「古川さんは〜」みたいに、呼ばれている名前がいいと思います。実際に書いてみると、

【反論】

・「自分は頭が悪い」への反論

……仕事で言われたことを理解できないのは、人それぞれ理解しやすい説明の仕方があるので、一概に古川さんの頭が悪いとは言えない。たとえば古川さんは、図にすると理解が早かったりするし、時間をかけると正確な理解をしていることも多い。

難しい本を読んだときに読み返すのはほとんどの人でも同じだし、だいたいのケースは、知識がないからというだけのことが多い。すでに知っている知識がベースになっている本を読むときは普通のスピードになっているので頭が悪いわけではなく、単に知識がないだけではないか。知識は知っているか知らないかの違いにすぎないので、頭の良し悪しとは関係がないのではないか。

コミュニケーションについてはまた別の問題である。会話においては反射的に答える必要があるが、これは会話のパターンやコミュニケーションのプロトコルを知っているかどうかに、かなり左右される。頭が悪いわけではないが、コミュニケーションのパターンの本を読むだけで、通常の会話はだいたいできるようになる可能性もあるのではないか。

みたいな感じです。

ムカつく相手の理論をボコボコにするようなノリで書いてみてください。気持ちよく書いちゃって大丈夫です。

こういった作業をやっていくと、いつの間にか多角的に事実を見られるようになります。

「自分は頭が悪い」と思い込んでいたけど、実はそうでもないかもしれないし、案外そうとは言いきれないな……、みたいに思えてきて、コンプレックスの度合いが下がっていきます。

根強いコンプレックスがあるという人は、こういった作業を挟むことで、よりブレーキを外して、なりたい像を書き出していくことができるはずです。

「抽象度」をコントロールして理想に近づける

というわけで、なりたい状態を書き出せたら、次は「抽象度を上げてみる」という作業です。

抽象度を上げるというのは「なんでそうなりたいんだっけ？」というのを自分でもう一段、上位の理由を考えてみるイメージです。

そうすると、たとえば「1億円がほしいのは、実は金銭的な自由がほしくて、お金の不安を持ちたくないからなんだな」となったりします。「今の会社で部長になる」というのも「自分の思った正しいことをやれるようにしたい」と思っていたことに気づけるかもしれません。そのように抽象化していくと、より自分の求めていることにフィットした目標になっていきます。

それを認識したら、また「なりたい状態」に戻って具体的に書いてみます。

たとえば「金銭的な自由がほしい」「不安を持ちたくない」というところから考えると「働くことでお金をもらうだけじゃなくて、働かないで必要なお金を手に入れたいな」と思うようになるかもしれません。ということは、単に年収1億円よりも、「不労収入で年に1億円入るようにする」というほうが自分の理想に近いかも……、ということなどがわかってきて、より精度の高い「なりたい状態」を作ることができます。

ここでやっているのは「なりたい状態をより理想のものに近づける」という作業です。なんとなくの「なりたい状態」があるときに、それを言語化するのが難しいので、ちょっと時間をかけてやってみようという感じですね。

「解像度」を上げていくと実現に近づく

そこまで終わったら、あとは解像度を上げていきます。

解像度を上げるというのは「じゃあどうしたらその状態になるんだっけ？」というのをより鮮明にイメージできる状態にする、ということです。

たとえば「不労収入で1億円を得るためには、持っている資産を5％の利回りで運用するとして、どれくらいの資産が必要かな」みたいに、**具体的な数字を出していくとやりやすいです。**

この場合、「ということは20億円の金融資産が必要になるな」と気づけます。

じゃあ、20億円を10年後に得るには、会社を立ち上げて、50％の株式シェアを持ち続けて、40億円以上の時価総額にするところまでがんばればいい……、などがわかります。

またもう一例をあげると……。ＮＴＴがアメリカのシリコンバレーで最大１００万ドル（約１億１００万円）の年俸を提示して研究者を採用しているというニュースがありました。Googleなどをはじめとする、強いグローバル企業との採用競争に負けないためです。ということは、英語ができて、今求められている技術者だと年俸1億円も夢ではありません。

ちなみに決算発表のデータから推測するに、日本でＮＴＴの取締役や社長になっても、おそらく年収４０００万～５０００万円程度なので、ＮＴＴの社長になるよりもはるかに高い額をもらえそうです。

ほしいものがある場合には「エルメスのバッグが１００万円だから、月に2万円貯金するとして、50ヶ月、４年ちょっとで購入できる。中古の場合は60万円なので、30ヶ月」というように、計画を作っていきます。１００万円のバッグを持つなんて無理！　と思っても、中古なら月に2万円貯金することで30ヶ月で達成できる、と言われるとそれなりの現実的なラインに感じるのではないでしょうか。

また、**「本物は実際、どういう感じか？」というのを体験してみるのも有効です。**たとえば、ベンツが欲しいと思っていたら、実際にベンツのお店にいってみて、シートに座ってみて、試乗してみます。買ったときの感覚を疑似体験できるわけですね。

もう買うつもりくらいの感覚でお店の人に聞いてしまってもいいかもしれません。パンフレットをもらって、車のサイズを調べて、駐車場を家の近くで探して、駐車料金を調べて……などと行動していると、どんどんリアリティが上がっていきます。

こうすることで、なりたい状態の「解像度」が上がっていきます。

ここでやるのはあくまで解像度を上げるために知識を増やすこと、という点に着目してください。年収1億円の人はどういう人なのか、どこの国で何をやればいいのか、などが明確になればなるほど、自分がやるべきことがわかってくるのが大事です。

先ほどの例で言うと、「年収1億円目指すぞ！　だから大きな会社の社長になるぞ！　NTTのトップになるんだ！」と思っても、年収1億円にいかないので無理なわけですね。こういう知識を持っていると、今やるべき行動は変わるわけです。

この時点で「いやいや、絶対無理だよ」と思っても、あくまで「制限がなかったとしたら」というのを前提に、夢物語として考えるくらいのテンションにしておくことです。そうしないと、「現実的に無理だよ」と勝手にブレーキをかけてしまいます。

という感じで、まず、なりたい状態を明確にしておくと、本書の「物語思考」が進むイメージが描きやすいはずです。

解像度が上がると、どんどん現実に近づいていきます。モヤモヤ想像しているだけだと、何も進みません。でも解像度が上がると、途端に物事が動き出すということがよくあります。

先ほどのベンツの例のように、無料でできることはたくさんあります。**自分の妄想をはっきりさせるというだけなので、単純に楽しい作業としてやってみるといいと思います。**

実際にお店でベンツに乗ってみたら、「あ、実際にいろいろ検討してみたら、ベンツではなさそう。もうちょっと小回りがきく車がいいな」となることもあります。それはそれでいいのです。

「年間1億円寄付する」ということをやってみたいなら、まずは１０００円を寄付してみます。小さな規模でやってみて、「これはやりたい」と思ったら、1億円を目標に置いて、少しずつ規模を大きくしていきます。いきなり1億円を寄付するのは無理でも、できる範囲で、１５００円、２０００円と増やしていくこともできるわけです。

そうやって、自分が幸せだと思うゴールを明確にして、少しずつでも前に進んでいくといいと思います。

手軽にできる、解像度を上げる作業一覧

欲しいものを見に行って触ってみる
車を試乗しに行く
服や時計を試着しに行く
欲しい家具や家電を店舗で触ってみる
有名ブランドの香水を試してみる
高級ヘッドホンで音楽を視聴してみる
泊まりたいホテルのカフェに行ってみる
住みたい物件の内覧に行く
高級スーパーで献立を考えながら歩いてみる

高級マットレスを店舗で体験してみる
飼いたいペットを実際に見に行ってみる
行きたい学校や会社の近くに行ってみる
憧れている人と同じトレーニングをしてみる
各職種の年収を調べてみる
理想の収入が得られたときの1ヶ月の出費を計算して、帳簿をつけてみる
お金を寄付する先を探してみる
コンビニでお釣りをすべて寄付してみる
理想の成功者と同じスケジュールで1日行動してみる
理想の成功者の写真などを集めてみる
理想の成功者に似せた構図で写真を撮ってもらう

要素ごとに数値化してみてもいいかも

自分が幸せだと思う状態を明確化するには、欲求をジャンルごとに数値化するのもおすすめです。

たとえば、以下のようなルールでやってみると、自分がどう思っているのか、より理解が深まります。具体的なほうがイメージしやすいので、ここでは、ぼくの欲求を例に出して書いて

みます。

ルール

★5段階で、欲の強さを書いてみて、その上で「どういう感じだとテンションがあがるのか、何に興味がないのか」を書くだけ。

①金銭系

・お金

欲の強さ：★★★☆☆

お金を稼ぐこと自体にはあまり興味がないんですが、好きなことをやり続けるのにはお金が必要だと考えると、それなりに欲しいなとも思います。

たとえば「フォートナイトで、自分のキャラクターを出してゲームにしたい！」とか「それを広告に出して、100万回プレイされたい」みたいに思ったりしても、それを実行するとなると、簡単に100万円くらいなくなってしまいます。

しかも、それを実施するとしても、マネタイズを考えるのは苦手なので、赤字でも許されるくらいのお金は欲しいなあ、と思いました。

ここで、よく考えてみると、ぼくの場合は「お金を稼いだことによるスコア感」みたいなものにはあまりときめかない一方、何かの実験をして、その結果から何かを発見するのは好きなので、そういう意味では結構お金を使っちゃうタイプなんだとわかりました。

・資産運用
欲の強さ：★★☆☆☆

普通にやりますが、資産運用をがんばろう、いろいろやってやろう、みたいなモチベーションはあまりありません。上場株とかで儲けるためにいろいろ調べる、というのも「結局公開されている情報って誰でも取得できるしなあ」というので、発見があまりなくておもしろくないと思ってしまうんです。

あるとしたら「お金をある程度効率的に運用して、最小のコストとリスクで、平均的なリターンを得る」というのが好きなくらいですね。

②生活編
・食事
欲の強さ：★☆☆☆☆
食事に関して、欲はあまりありませんでした。おいしいものを食べたい！　いいものを食べたい！　とかもあまりないです。おなかが空かないなら、何も食べずに生きたいくらい。

ただ、飲み物は結構好きです。雰囲気のよいところでお茶でも飲みながら作業したり仕事をしたりするのは好きなので、そういう欲は強いなと気づきました。

・飲み物
欲の強さ：★★★★☆

というわけで、飲み物への欲求は意外と強めにありました。最近は、かっこいい急須を買ったので、日本茶を飲むのにハマっています。あと、クラフトコーラを飲むのも好きです。コーヒーはカフェインが強いのであまり飲まなくなりましたが、好きです。こだわりはあまりないです。

・お酒
欲の強さ：★☆☆☆☆

お酒は飲むのをやめました。昔は普通に飲んでいて、ワインも日本酒もハマるといろいろな世界があるしつながりもできるなと思ったんですが、飲むことのマイナスも結構あると思うので、バッサリと断ちました。

・睡眠

欲の強さ：★★★★★

普通に寝たいです。というか、体力がないからちゃんと休まないと身体を壊してしまいがち……。

③人間関係編

・人間関係

欲の強さ：★★★★☆

芸能人と友だちになりたい！　みたいな気持ちはあまりないんですが、一流の仕事をしている人の話を聞いたりするのは好きなのと、いろいろなつながりから、いろいろな話をするのは好きなので、その意味では、結構強いかも。

おもしろい人と企画やアイデアについて話すのが好きです。起業家とか、とにかく好きですね。

・恋愛関係
欲の強さ：☆☆☆☆☆

結婚しているのでまったくないです。これは外向けでもなんでもなくて、相当興味が薄いという感じです。

知り合いで、かなり広く恋愛対象として相手を捉えている人とかがいたりして、すごいなーと思ったりしています。

・自己顕示欲
欲の強さ：★★☆☆☆

X（Twitter）とかでよく発信していて、反応がほしいので、強いのかな、と思っていたんですが、よく考えるとちょっと自己顕示欲とは違うようだと気づきました。街中とかで話しかけられるとすごくびっくりするし、登壇とか取材も、いつも身のすくむような思いになっちゃいます。

というわけで、影響力を行使したい、自分を見てほしい、という気持ちはそこまで強くないみたいです。ＳＮＳなどでの発信で反応が欲しいという気持ちは、自己顕示欲とはまた別のジャンルの欲求でした。

・発見欲
欲の強さ：★★★★★

何か新しい考えや、新しい法則みたいなのを発見して、それを広くシェアして、反応をもらいたい、みたいな欲求は相当強いみたいです。

こういうサービスを立ち上げたら、こういう反応があったよ！　という発見をしたいし、それをとにかく言いたい。その媒体として、Ｘ（Twitter）のフォロワー数は大事だし、影響力は大事、という感じです。

自分で考えたロジックやつながり、考え方、ものの見方みたいなのを広く伝えるのも好きだし、やりたいんだなと。

④モノ・製品

・車

欲の強さ：★★☆☆☆

移動手段として車を使うことが結構あるのですが、フェラーリほしい！　ポルシェほしい！　みたいなのはほとんどありません。プロダクトとしての車に今のところ、あまり興味がないっぽいです。

移動手段として快適であればいいな、くらいです。なので、この車ほしいなーみたいなのもあまりないですね。

・家

欲の強さ：★★★★☆

いい家に住みたいとかはないかなと思っていたんですが、生産性に直結するので、広かったり、緑が目に入ったり、空間として心地よかったりするのは大事なんだなというのがわかってきました。

・時計

欲の強さ：★★★★★

プロダクトとしての時計が昔から結構好きで、興味があるんですが、これは今もかなり好きです。雑誌とかも読んじゃう。

ただ、高い時計でマウンティングをする、とかはあまり気持ちよくないです。有名なものをつけていて、話しかけられたり、指摘されたりするのも好きじゃない。自分の好きなデザインのものとかを探したりするのが好きです。

それでいうと、機械式時計のムーブメントとかに興味があるわけではなく、あくまでデザインの話かもしれません。工業デザインとアクセサリーとしてのデザインが交差しているものなので、そこにときめきを感じます。

成金趣味の一つとして捉えられることが多いので、普段、外向けにはほとんど言わない趣味です。

・その他のモノ
欲の強さ：★★★★★

割と「いいものを一生使っていく」みたいなスタイルに憧れているので、そういうものを探すのが趣味の一つです。

爪切りとかは、一生使えそうなものをかなり長く使っています。先ほども書きましたが、最近は急須や湯のみを探しています。

とにかく「道具」というものが好きで、ずーっと使える椅子、机、ペン、バッグ、みたいなものを探し求めるのが好きです。

最少のモノで、とにかく長く使えて、メンテナンスに時間とお金がかかってもそれを使い続ける。新しいものを消費し続けるのではなくて、大事に使っていく、みたいなのが好きなんだと思います。

前述の時計もほぼそれですね。50年後とかにも道具として使える前提のものが欲しいんだなと思います。

一方、コレクター欲はなくて「いいスニーカーを大量にほしい」とかは全然ないです。「このバッグを20年使っています」とか「このカメラで30年やっています」みたいなスタイルに憧れがあります。

と、こんな感じでジャンルごとに自分の欲求についての分析を書いてみました。これを書いたことで、たとえば食べ物やお酒にはあまり興味がないけど、お酒以外の飲み物には結構興味があるんだなと気づけたりしました。

コンフォートゾーンの基準を上げる

「なりたい状態」の解像度は上がってきたでしょうか？　ここで、コンフォートゾーンの話も知っておくといいので、少しお話しします。コンフォートゾーンとは、「心理的なストレスがないと思える状態」「自分が心地いいと思う基準にいる状態」という意味くらいに捉えておいてください。

先ほどは「制限をつけずに、なりたい状態を考えてください」みたいなことを言いましたが、これと同じようなことは、よくビジネス書でも言われます。たとえば、「野心を持とう」「目標を高くしよう」「大きな志を持とう」などです。

でもこれを聞いて、「よし、高い志を持とう」と思って「世界一になるぞ！」と目標を立てても、なかなかうまくできなかったりしますよね。これは、解像度の低さも問題ですが、自分のコンフォートゾーンの問題もあります。

人は、基本的に「いまの状態をキープしよう」とするのだそうです。変なことをして危険にさらされるよりも、いまの状態のままでいたほうが安全だからです。

体重が60kgの人は、60kgが普通の状態です。そこから5kg痩せようとしても、身体や脳は「いやいや60kgで安定しているんだから、そのままにしようよ」という反応をするのです。そのように動物は、潜在意識としては、変化を嫌う傾向にあります。そこで、これを逆手にとって考えるわけです。

「ぼくは年収1000万円が普通なんだ」と思うようになれば、年収が800万円になったとしたら「やばい！　ぜんぜん足りていないぞ」と感じるようになります。「世界で活躍する」という状態が普通だったら、「東アジアのたった1ヶ国でしか活躍できていないなんて、やばいぞ」と思えるようになります。

このように、コンフォートゾーンをうまく上げ続けていれば、視座は自然と上がっていくはずです。

ちなみにコンフォートゾーンを上げる方法としては、実は「解像度を上げる」というのがそのまま使えます。**自分の頭の中で、理想を現実だと勘違いしてしまうくらいに解像度を上げていくと、コンフォートゾーンが動きます。**

イメージしやすくするために、ぼくのケースをお話しすると……。19歳のときに、大学受験をして、早稲田大学というところに行きたいと思ったんです。なぜここかというと、校風もいいですし、偏差値が私大文系でトップだったので、トップがいいな、と思ったんです。

ただ、ぼくは本当に頭が悪かったので、到底無理そうです。で、どうしようか一生懸命考えたんですね。


で、やったのが「自分は早稲田大学生だと思い込もう」ということです。

そこで、まず、いろいろな予備校の合格体験記を読みまくりました。志望校に受かった人たちが、どういう勉強をして、どういう生活を送ってきたか、というのをすごく読み込んだんですね。そして、次は、自分で合格体験記を何度も書きました。まるで、大学に受かったかのように詳細に「こういう勉強をして、こういう生活を送って、テストのときはこうしたら受かりました」的なものです。正直、そのまま合格体験記として使えるレベルだったと思います（勉強しろ）。

　さらに、前述しましたが、自分で大学受験生用のコミュニティサイトを作って、そこで「早稲田大学生だけど質問ある？」みたいに質問を受け付けて、答えまくってたんです（勉強してくれ！）。

　インターネットは匿名なので、みんなぼくのことを早稲田大学生だと信じて、いろいろ質問してくるので、がんばって答えていました。こういう勉強法をするといいよ、とか、こういう心構えがいいよ、英語はこういう問題が出がちだから、このあたり対策したほうがいいよ……

などです。

さらに、大学まで行って、構内を我が物顔で歩いたりとかしていました。すると、脳は本当に自分が早稲田大学生だと思ってくるんですね。正確に言うと、やっている行動は大学生の行動そのものなのに、もし受験に失敗したら、「大学生という身分」が剥奪《はくだつ》されるような、そんな気持ちになるんです。

人間は、得られることよりも、失われることのほうに恐怖を感じます。脳内で、本当に早稲田大学生の感じがしてしまっているので、だんだん早稲田大学生でいられなくなるかもしれない状況が気持ち悪くなってきて、勉強するようになりました。

というわけで、コンフォートゾーンを上げるためには、理想を現実だと思い込んでしまうくらい解像度を上げるというのが大事です。想像できないものは人間、なかなか成し遂げられないので、ぜひとも参考にしてみてください。

リスト化を完璧にしようとしない

「なりたい状態」をなんとなくイメージできたでしょうか。

ここでちゃんとお伝えしておきたいのが、**「最初から完璧なリストを作ろうとしないこと」**です。イメージとしては、これから100回作ることになるリストの、1つ目にすぎない、くらいに考えておくほうがいいと思います。

ここで一つ「ネズミの実験」について紹介しておきます。

『脳はすこぶる快楽主義』（池谷裕二）という本に書いてあったのですが……。ネズミを、複雑な迷路に入れて、最短距離をどのくらいで見つけられるか？　というものです。ネズミは何日か経つと、自分で最短距離を見つけられるようになる、という話だったのですが、おもしろいことに、個体差があるんです。

20日かかるネズミもいれば、3日で正解にたどり着くネズミもいる。

じゃあ、それは何の差か？　というとシンプルに「迷路に入れられた最初の1、2日でどれだけ多く失敗したか」らしいんです。学習の初期に、どれほど無駄なルートを通ってたかが決め手なんだとか。

失敗は成功の母、みたいな言葉をみなさん、何百回も聞いたことがあると思うんですが、**正確には「学習初期に、無駄なルートをたくさん通ったほうが成功する」なのかもしれません。**

似た例で、「マシュマロ・チャレンジ」というのがあります。

これは「４人ずつのチームで、20本のスパゲッティと、90㎝ずつのテープとひもで自立する建造物を作り、そのいちばん上にマシュマロをのせ、制限時間内で、できるだけ高い建造物を作ったチームが勝ち」というルールなんですが、これをやると、いろいろ試しまくる幼稚園児のほうが、賢く戦略を立てて実行しようとするＭＢＡの学生や弁護士、コンサルタントよりも成績がいいらしいんです。

これも「ひたすら試し続けたほうが成果が出る」というパターンですね。

「チャレンジした量が大事」とか「失敗が大事」とか言われても、いまいちピンとこないかもしれませんが、「学習初期に、無駄なルートを大量に試すのが成功に近い」というのを知っていれば、無駄なやり方を大量にやるほうがいいよね、と考え方が変わるので、いい話だなと思いました。

ぼくらは、油断すると「無駄なことはしたくない」と賢い方法を探したりします。今回のこの「なりたい状態をリスト化する」という作業においても、最初からいいものを作ろう、自分がしっくりくるものを作ろう、これで人生を変えよう、と思ってやると、到底できないはずなんです。

なので、「これからリストを何度でも作ろう。最初の頃は、とにかく失敗したほうが効率がいいから、いろいろなリスト化を試そう」と思ってもらえるといいかなと思います。

無駄をなくそうとするのが無駄

ここで、「無駄なことをしたくない」「賢く立ち回りたい」みたいに考える癖がある人向けの話をしておこうと思います。

何を伝えたいかと言うと、「ほとんどの人はキャリアの設計なんてできないし、設計どおりにいくことはない」ということです。

ネットで「歳をとると過去に努力したことが活きたりして、伏線が回収されたような気持ちになる。努力は無駄にならない」みたいな意見を見ることがあります。

しかし、**伏線回収というのは、結果論にすぎない**ことがほとんどです。

もちろん、数年先くらいまでなら見通せます。たとえば、英語を勉強して海外で働くことを決意して、そのあとに海外で働く、というところまではできたりします。しかし、不景気になって、レイオフになって、ビザの関係で日本に戻らないといけなくなる、みたいなことは予想がつかないわけです。

狙って伏線を張り、あとから意図的に回収するというのは、人生においてはほとんど無理だし、そう思っておいたほうがいいと思います。

一方で、「伏線が回収された」と感じることがあるのも事実です。

たとえば、ぼくのケースを話すと、小学校とか中学校のときとかはほとんど漫画ばっかり読んでいたんですが、それが今、出版社さんとの仕事に大きく役に立っていたりします。また、学生の頃にインターネットにハマっていたことが、インターネットの仕事をするのに活きていたりします。

さらに、仕事の上でのいろいろな努力、たとえばすごく地道な作業なども含めて、ほとんど今に活きているので、「努力したことが無駄になったな」と思ったことは、あまりありません。

なので、個人的には、

・無駄になる努力もあれば、無駄にならない努力もあると思う
・ただ、自分が思っている以上に、スキルや知識は掛け算として使えるので、ほとんどが無駄にならないという感覚はある

という感じです。

というわけで、どうすればいいかというと、**「伏線をたくさん張り巡らせる」**ということだと思うんです。**たくさんの伏線を張っておけば、どれかが回収されたりはする**、ということです。

そのときに、「できる限り回収されそうな伏線にしておく」というのを意識すると、よりよ

さそうです。

先ほどの例なら、英語ができて、海外で働いた経験があるなら、日本に戻ってきても、外資系企業などで重宝される可能性がありますし、海外とのやり取りが多い会社などからも人気がありそうです。そこで就職が決まる可能性も大きい。

つまりは、日本に帰らないといけなくなったからと言って、それまでの努力が無駄になるということもないわけです。

人間は基本的に、無駄な努力を極力避けようとする傾向にあります。さらに、最近だとコスパを重視するせいか、ひたすら無駄になることをやりたくないと思っている人が多くいますが……。

そうやって悩んでいるうちに、何も行動をしないことになってしまい、日々無駄に過ごしてしまったりすると、偶然回収される伏線すらない、という状態になってしまいます。

「悩んで何も行動していない」というのは、体感としては何も失っていないように感じるかもしれませんが、それ自体がかなり激しめの、リスクが高い行動だったりします。

たとえばよくあるのが「資産運用をしようと思うんですが、なかなか行動に移せなくて」という悩みです。

給料が銀行口座に振り込まれてそのままになっているわけですが、これは見方を変えると、資産のすべてを日本の「円」に投資している状態とも言えます。

投資ではリスクを分散することが大事です。特定のところに全財産をかけていると、そこが失敗したときに、一気に減ってしまうからです。

なので、

・インデックスファンドなど、分散して投資しているものを買う
・債券、不動産、金、暗号資産などに分散する
・現金は円とドルとユーロに分ける

などをやって分散させることで、リスクを減らすのが定石です。

というわけで、「日本円の、現金に全額を投資している。しかも一つの銀行に置いてある」というのはものすごくリスクの高い勝負をかけている状態なんですよね。

より具体的なイメージを話すと、円安が一気に進み、たとえば１ドル２００円などになったら、輸入しているものが一気に高くなって、生活がままならなくなる可能性もありますし、インフレが進んで、物価が２倍などになったら、資産は実質的に半分に減っていることになるからです。

半分でもドルにしておくだけで、円安のリスクは抑えられますし、一部でも株や不動産に換えておいたら、インフレのときにカバーできたりするわけです。

というように、**「極端と言っていいほど、リスクの高い資産運用をしている状態」なのにも**

かかわらず、本人の認識としては「リスクを恐れて行動をしていない」と思っているわけです。

これは転職や起業のときも同じで、「起業をしようと思っているけど、なかなか行動に移せない」という状態は、「今の会社で働くことを積極的に選択し続けている」という状態とも言えます。

これは、「野球選手になりたいと思っているのに、ずっとテニスをし続けている」ようなものです。

また、「コスパよく人生を過ごそうと悩んで、行動は何もしなかった」というのも、「悩み続けている状態を積極的に維持している」ということをやっています。

なぜこんなことが起こるかというと、人間には現状維持バイアスというものがあるからです。今と同じ状態を続けたい、新しいことや変化は怖い、という感情が根っこにあるんですね。

なので、今ものすごいリスクが高い行動をしていたとしても、「今と違う行動をとる」ほうがリスクだと思ってしまうわけです。

そもそも人生の中でもっとも貴重なリソースは時間ですし、タイミングというものは、一度外すとなかなか訪れません。起業のよいタイミングを逃して、ずっと起業していないという人も多いですし、「今行動してれば変わったのに」という人がたった一度行動しなかっただけで、不本意な結果になってたりすることもよくあるのです。

というわけで、**「無駄な行動をしたくないから、賢い立ち回りについて考えていたら、結局あまり行動できなかった」みたいな状態になりがちな人は、実際はものすごく極端でリスクの**

高い行動をとっていると自覚できるとよさそうです。

未来を予測してもほとんど外れる

　無駄をなくしたいという人の中には、「未来を予測して、有利になるように立ち回ろう」と考えるひとも多いように思います。

　人間は性質として、「これからこうなっていくだろう」と予測するのが好きですし、それが当たると快感を覚えます。

　しかし、人類の歴史を振り返っても、ぼくの短い人生経験を振り返っても、「もはやこの複雑な世の中を予測するのは無理じゃないか」という気がしてなりません。**未来を予測して賢く立ち回ろうとしても、ほとんど外れてしまうんです。**

　たとえば２０１９年くらいに、めちゃくちゃ頭のいい人たちと「今後の未来はどうなるか？」を話したことがあります。

　みんな賢いので「未来は予測できないが、たとえば２０２０年のオリンピックは確定しており、それまでの政治体制もこうなっているはずだ」みたいな前提をもとに景気がどうなるか、社会や政治、経済がどうなるか、というのを話していました。

　かなりロジカルで、ぼくは「すげーな」と思って聞いていたんですが、めちゃくちゃ外れたんですね。ご存知のとおり、新型コロナウイルスが流行し、社会の様式が一気に変わり、金融緩和や助成金のバラマキなどが各国で激しくなり、オリンピックは延期されてしまいました。

そして２０２２年にはロシアのウクライナ侵攻が始まり、安倍元首相が亡くなってしまい……、といった感じです。これらを予測して何か計画を立てるのは、ほとんど無理だったわけです。

投資などをやっていても、エンジェル投資という、スタートアップに投資をする活動をぼくはよくやっているんですが、これもまったくわからないです。

- 社長がすごく優秀である
- 社長が有名企業出身である
- ビジネスがすでに立ち上がっていて売上がある
- 市場が魅力的である

など、投資の基準はいろいろあると思うんですが、やってみた結果「何が起こるか全然わからないし、ほとんど運」という気持ちになりました。

社長が優秀だったけど、不慮の事故で働けなくなってしまったり、超大手企業がいきなり同じ分野に参入してきたり、そんな市場はないと散々いろいろな人に言われていたのに大ブレイクしたりと、正直、全然わからないです。

社長がポジティブだろうとネガティブだろうと、周りを頼るタイプでも一人でやるタイプでも、あまり結果に影響はしません。

当然、統計的に見たら「こういう人がいい」とか「こういう会社が伸びる」とか科学的に分析できるのかもしれないですが、ぼくはもう「予測なんてできないな」という気持ちになりました。

日本の未来もどうなるか、まったくわかりません。最近では、日本の未来に対して悲観的な人がほとんどですし、ぼくもそちら側なんですが、これもわからないと思っています。

日本では、たった１５０～２００年前とかは、みんなちょんまげとかしてたわけです。そこから焦って、列強に追いつけ追い越せと明治維新をしてがんばって、清とかロシアと戦争して勝って、列強の一員にギリギリ滑り込んで、一等国だ！　と喜んだりしていました。

その後、列強っぽい行動として植民地とかを獲得していったら、太平洋戦争で負けて、無条件降伏してやべーとなったけど、朝鮮戦争特需でぐわっと復興して、高度経済成長で伸びまくって、バブルがはじけて失われた30年になり、少子高齢化と経済成長のなさと財政への不安が高まって今……みたいな感じです。30年とか50年単位で見ると、激動すぎますね。

そう考えると、これから30年くらいで、何かしらの社会変革が起きて、あらゆる状況がひっくり返るとかは可能性として大きいです。

思った以上に日本の衰退が激しくて、治安がものすごく悪くなって今とはまったく違う社会になるとか、移民への対応を変えることで今の中国の政治と合わない中国人が大量に入ってきて、経済が活発な移民国家になったり、翻訳機の進化によって、言葉の壁があった日本が突然グローバル市場に投げ出されていったり、高齢者でも働ける技術革新があることで、労働人口がぐっと増えたり……みたいな感じで、あらゆるパターンがあり得ます。

そんな感じなので「日本の将来はこうなると思う」とかで予測して動いても大外れする可能性のほうが高いと思っていたりします。

結局のところ、リスクを分散して大外れしないようにするしかないとは思うんですけど、「当たるも八卦当たらぬも八卦」という考え方でいるのがいいと思います。

要は、「こっちの未来がくるんだ！」と思い込んでやってみて、ダメでも運がなかったと思って落ち込まない、くらいのほうがいいと考えています。また、予測が当たったとしてももちろん運でしかないので、「自分には未来予測をする能力がある」みたいに思わないほうがいいです。

大きな夢を追う人は、夢がフィットした人

「自分はこれをやりたい！　という大きな夢や目標を持つには、どうしたらいいのか」という質問をされることがあります。

ぼくの周りには、大きな夢や目標を持っている起業家の人などが多いです。そういった人た

ちの共通点をあげるとしたら、意外かもしれませんが、「自分の設定した夢や目標を変えるのに躊躇がない人」だったりします。

みんな「すごい人は、若いうちから夢や野望や志を持っていて、それに向かって邁進している」と思っていますし、「その夢はずっと変わらないものだ」と感じていると思います。

しかし、「若いうちから夢や目標をびしっと持っていて、それをブレさせずに向かい続けている」みたいな人って、かなりレアなケースであり、あまり真似をすべきではないと思っています。

さらに言うと、そういう人の中で成功した人というのは、一握りもいいところです。目に入らないだけで、若い頃からの夢や目標を追い続けているけど、まったく大成していない人もたくさんいたりします。

話を戻すと、大きな夢や目標に向かって努力している人たちは、結構みんな、やることをコロコロ変えているんですね。その上で、一番フィットして、一番うまくいきそうなものを「夢」にしているんです。

しかし、日本人はなんとなく「ずっと一貫している」とか「ブレない」みたいなことを高く評価しがちな性質があるので、一度決めた夢を変える、というところに抵抗があると思うんです。

サッカーで世界一になる！　と言ってた人が次にテニスだ！　と言って、最後はバスケだ！

と言ってたら「あいつは自分がない」とか「すぐ諦めてやり通さない」みたいな評価になるイメージがありますよね。

しかし、普通に考えて「最初に決めた夢や目標がもっとも正しくて、自分にとっても一番向いていて、成功する」というのはかなり奇跡的です。それを目指すのは、あまりおすすめできません。

周りに「俺は〇〇でトップになります！」と言った数ヶ月後にまったく違う行動をしているみたいな人はよくいますが、何かで超うまくいくと、その夢が固定になりますし、その時間が長くて成功していると「あの人は、夢や信念を持っていて、ブレなくてすごい」みたいな評価になっていくんですよね。

そもそも、何者でもない人の夢や目標なんて、誰も気にしないわけです。たとえ近くの友だち１００人とかが「あいつはコロコロ変わる」と思ってても、成功しちゃえば、そのあとにその何百倍の人が知ることになるので、まったく気にすることではないわけです。

孫正義さんだって「なんかでっかいことをやるぞ」くらいから始まっているわけなので、なりたい像を考える上でも、あまり肩肘を張って決める必要はないんです。

年齢によってやり方を変える

「なりたい状態」のリスト化は進みましたでしょうか。繰り返しますが、このリストはこれから何年もかけて、じっくりとアップデートするものですから、今すぐすごいものができなくてもいいので、ご安心ください。

一方で、そうすると「じっくりとアップデートしていくうちに時間が経ってしまって、どう行動したらいいのかわからなくて不安だ」という問題が出てくると思うので、このステップの最後に「なりたい状態がわからない」への解決法をいくつか紹介しておきます。

「なりたい状態」というのは探したからといって、すぐ見つかるものではありません。そこで、ぼくは**迷ったら「年齢で決めちゃう」**ことを勧めています。

「キャリアのＶＳＯＰ」というものがあります。１９７８年に出版された脇田保さんの『自立人間のすすめ』という本に載っているものですが、簡単に言うと、

20代：（Ｖ）バラエティ。いろいろやってみるのがいい
30代：（Ｓ）スペシャリティ。専門性で戦う
40代：（Ｏ）オリジナリティ。あの人っぽいよね、と言われるようにする
50代：（Ｐ）パーソナリティ。あの人と仕事したい！　と思われるようにする

というものです。なりたい姿がなかなか定まらない人には、この「キャリアのＶＳＯＰ」を信じて行動するのをおすすめしています。

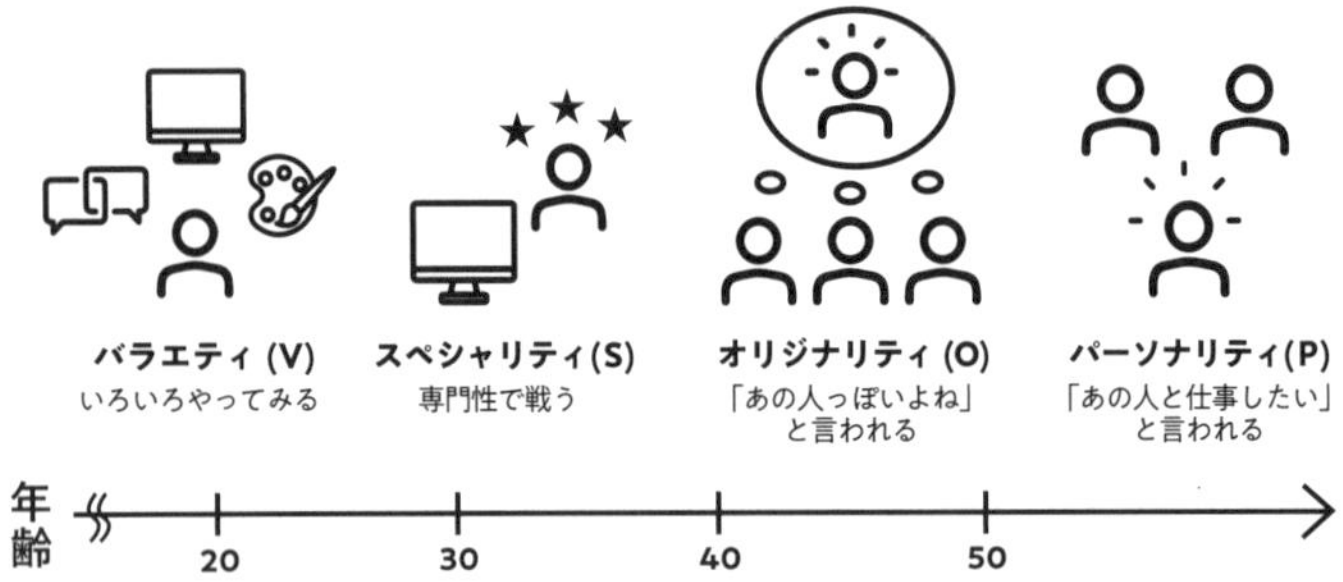

20代なのに、ほかの世代の戦い方を目指しているケースは意外と多いです。たとえば「自分ならではの、やりたいことをやる」というのは、この理論では40代の勝負の仕方です。

このVSOP理論に基づくと、20代のうちはとにかくいろいろ行動して、いろいろ経験するのが「正しい努力」になるのですね。なぜなら、自分に何が向いていて、何にニーズがあるのか？　というのはやってみないとよくわからないことのほうが多いからです。

就職活動の「自己分析」みたいなものは個人的にはあまり意味がないと思っています。ぼくの例で言うと、ぼくはとにかく目立つのが嫌で、人前に出るのが苦手で、話すときに緊張しちゃうタイプだったので、社長になったりリーダーになったりする、みたいなのはまったく想像がついていませんでした。

しかし、今では、起業をして社長をやっていますし、講演会や取材などを受けることも多くあります。人前で話す機会がものすごく多いですが、意外と嫌いじゃないな、というのもわかってきましたし、人に何か説明をする、というのが得意なこともわかってきたんです。

20代のうちに判断してたら「自分は内気だし、人前で話すとかはないな。あとリーダーになりたくもないし、どう考えても向いていないから、リーダーになるのはやめよう」となってたと思うんです。

たかだか学生時代とか、社会人数年くらいの経験じゃ判断がつかないと思うので、**とにかく20代のうちはたくさんやったほうがいい**、というのはぼくも賛成するところです。

それで、**30代近くになったら「そろそろこの専門分野でいこうかな」と決めます。**

「Webのマーケティングでいくぞ」でもいいですし、「とにかく経営戦略に強い人になる」でもいいです。30代のうちは、「その分野のスペシャリスト」になるようにします。

30代でその専門性を決めるには、やはり20代でいろいろ経験しないといけないわけです。一度も泳いだことがないのに、水泳が向いているかや、好きかどうかはわからないですよね。

よく「個人名で戦えるほうがいい」みたいな意見もありますが、ああいうことができるのは稀《まれ》なので、無理に目指さずに「Webマーケティングの専門家」が求められるときに、その対象となる人になれればいいわけですね。

30代のうちはそんな感じで専門性を磨きつつ、40代になるくらいまでに、個人名で戦えるようになればいいのです。

おそらく**「やりたいことが見つかって、一つにフォーカスする、自分オリジナルの働き方」**

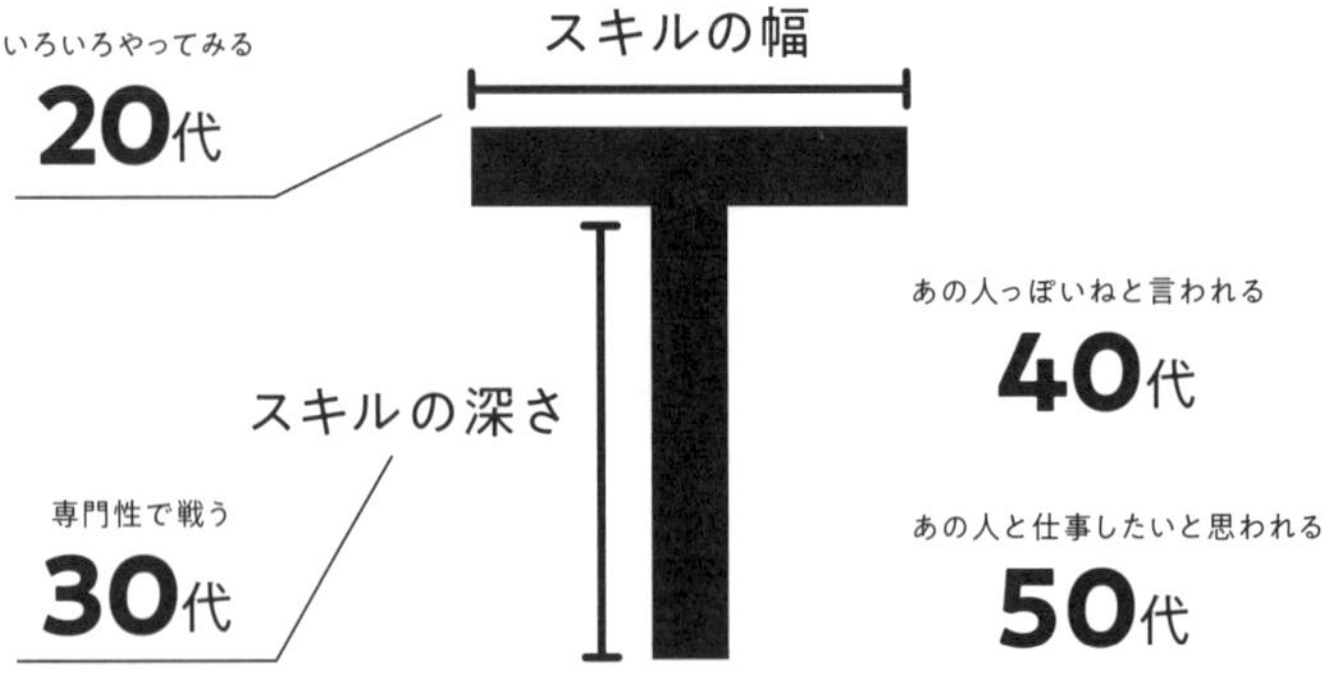

がやりやすいのって、30代中盤～40代だと思うのです。

イメージとしては、「いろいろな経験をしてきて、そこから専門性を磨いて、その上でやりたいことが見つかり、そこにフォーカスして、自分オリジナルのものをやっていく」という感じです。

ぼくの事例も紹介しておきます。

ぼくがこの概念を知ったのは30代のときでしたが、20代のうちは自然と「いろいろやってみよう」と思ってやっていました。「インターネット関連」という縛りすらありませんでした。「だってやってみないとわからないし……」と思っていたんです。

30代くらいになって、このキャリアのVSOPを知ったので、そこからはこれを意識してやっています。たとえば、30代のうちは「ネットでのメディアとコミュニティの専門家になり、それを言葉で外に説明するのが得意な人になろう」と思ってやっていました。そこについての知識と経験を深掘りしまくる、という感じです。

メインとなるのは、ネットでのメディア＋コミュニティサービスの専門家であり、それを説明できること。それを極めつつWebマーケティングや、ネット企業の経営も、周辺知識として、浅く広く身につける感じです。アルファベットのTのような形にスキルを磨くイメージでやっていました。

で、30代中盤に入ると、今度は40代のための準備に入ります。このあたりで、自分のオリジナリティを出していくわけですね。

ぼくは漫画をはじめとする、日本のサブカルチャー、そしてそれを作っているクリエイターが好きだったので、「クリエイターを支援する会社をやろう。その武器として、メディアやコミュニティの専門性を使おう」と考えました。そんな感じで、年代ごとに、やるべき努力を決めてフォーカスすると、無駄がないんじゃないかな、と思います。

なお、20、30、40という区切りには、覚えやすい以外のロジックはないと思うので、適宜調整すればいいと思います。

ということで、いろいろ書きましたが、ステップ1で言いたいことは、シンプルに、

「頭の枷を外して、なりたい状態を制限なしに想像できるようにしよう！」

ということです。自分で勝手に制限をつけて、その中で動いてもまったくおもしろくないので、自分の頭の枷を外して、なりたい状態を、ありありと思い浮かべられる状態になるのが、

自分の人生という物語を作り上げる最初の一手なので、ぜひともリスト作りをやってみてください。

ステップ1のまとめ

自分の「なりたい状態」は、想像できてきたでしょうか？

繰り返しお伝えしますが、あなたの行動を左右するのは過去のあなたではなく、「未来にどうなりたいか」という思考のみです。

とにかく「頭の枷」を外し、理想の状態を思い描きましょう。

それでは、次のステップは「キャラの作り方」について説明します。物語を進めていく上で大切な、あなたの「キャラ」を決めていきましょう。

[ワークシート①]

10年後になっていたい状態を100個書き出してみよう

[ワークシート②]

事実

トラウマがあれば、それも書いてみよう

事実に対する自分の解釈

[ワークシート③]

解釈をした理由

反論

[ワークシート④]

○○系

○○について

テンションが上がるのは？

欲の強さレベル
☆☆☆☆☆

何に興味がない？

ステップ2

LEVEL UP

「キャラ」の作り方

なぜ最初に「キャラ」を設定するといいのか？

ステップ1は、どちらかというと準備運動でした。いよいよ本題に入ります。**ステップ2でやることは、「自分のキャラを作る」ということです。**この本で一番の山場です。物語にはキャラクターがいて、そのキャラが動いていくのが基本ですよね。だから「物語思考」でも、キャラクターの設定が必要です。

「え？　自分の人生なのに、自分のキャラクターを決めないといけないの？」と違和感を持つと思うので、まずそこから説明します。

多くの人が「自分というものが存在して、その自分が動いている」と考えているのですが、**「一番なりたい状態に近づくために、一番効率的なキャラは何か？」を考えたほうが楽**なんです。

『ジェームズ・クリアー式 複利で伸びる1つの習慣』という本があります。その中に、「行動変化は3つの層がある。結果の変化、プロセスの変化、アイデンティティの変化」という一節があります。

多くの人が、何かの習慣を作りたいときなどにやりがちなのは、

がんばって実行して、成果を出す

←

うまくいったら「自分はこういう人間だ」と認識する

という順番をとることです。たとえば、ダイエットでいうと「5kg落とすぞ！　そのために、食事制限と運動をするぞ！」と考え実行し、実際に痩せたら「自分は痩せている！」と思うようになるわけです。

しかし、すごく多くの人が「ダイエットしてもなかなか結果は出ないし、なんかつらいな」というところで終わってしまうんですね。

そうなんです、結果というのは残酷なことに、

いい結果はすぐに出ない（遅い）

いい結果はなかなか出ない（難しい）

という2つの性質があるんです。ダイエットした翌日に5kg痩せて、引き締まった身体になれたり、英語を勉強してすぐにペラペラになれたりするわけではないのです。

なので、ダイエットは失敗するし、英語学習は続かないわけです。いい習慣を身につけたい

と思っても、挫折した経験がある人も多いのではないでしょうか。

実は、これは順番が違っていて……。先に決めるべきは自分のキャラクター（＝アイデンティティ）なんです。

つまり、

自分はこういうキャラクターだと認識する

↓

そのキャラがやりそうなプロセスを実行する

↓

結果が出る

という順番でやるほうがいいんです。

と言われても、いまいちわかりづらいと思うので、もうちょっと説明します。

たとえば、「健康のために禁酒をしよう」と思った人が成功しやすいコツとして「禁酒をする」という行動をしない、というのがあります。

つまり、**「自分は禁酒をしている」と思うより、「自分はお酒を飲まない人なんだ」と思うほ**

自分はこういうキャラだと認識する
そのキャラがやりそうなプロセスを実行
結果が出る

頑張って実行して結果を出す
自分はこういう人だと認識する

うがいいんです。お酒を飲まない人だ、と自分で認識していると、飲み会の席とかでも「あ、私はお酒が飲めないんです」と言って断りそうですし、コンビニのお酒コーナーを眺めたりすることも一切なくなるわけです。

自分のことをお酒を飲まない人だと思っているだけで、行動が変わるし、行動が変わることによって、結果も変わるわけですね。

「禁酒をしている」と思っていると、「今日くらいはいいかな」とか「がんばったんだし、そろそろ禁酒をやめるか」となったりしちゃうわけです。また、すぐに健康になるわけではないので「どうせ飲んでも飲まなくても変わらないんだったら飲んじゃおう」とかになったりしやすい。

「結果（ゴール）を決めてからプロセスを変えようとすると、結果が出ないときに、プロセス自体も捨ててしまう」ということが起こるんです。

というわけで、**決めるべきはキャラクターなんです。**キャラクターがあって、その上でプロセスが決まっていれば、すぐに結果が出なくても、プロセスが止まることがない。

繰り返しますが、**大事なのは「良いプロセスを維持し続けること」です。**

「今自分はダイエット中なんです」と認識してしまうと、痩せたらダイエットが終わりになりますし、そうしたらまた以前の生活に戻っていってしまいます。また、ダイエットを2週間したのに結果が出ないから嫌になっちゃう、というのもあり得ます。
「自分はアスリートのようなキャラだ。お菓子なんて食べないタイプだし、定期的に運動をする」と自分のキャラを認識していると、自分らしい行動をしている限り、健康的な食事をして運動をするようになります。

ぼくもキャラが変わってしまった

ちなみにぼくはもともとそんなに活発な人間じゃないですし、気弱な性格だったんです。学生時代も、授業中に発言するとかは恥ずかしすぎてできなかったですし、部活も何も続きませんでした。運動も勉強もできなくて、成績はいつも下のほうでした。

しかし、今はもう10年以上社長業をやっていて、みんなの前で話すことも多く、講演会も数多くこなしたりしています。リスクをとって起業という挑戦をし続けています。どう学生時代を振り返ってもこういうふうになるとは思えないんです。将来の夢に「会社員になる」と書いてたくらいなので、社長になりたいとかリーダーになりたいという欲は皆無でした。

しかし、今は「起業をして、難しい問題でも挑戦し続けて、諦めないタイプの人間」みたいな感じになっています。じゃあなんでそういう人になったかというと、**自分のことをそういうキャラクターだとだんだん思い込むようになったことが原因**なんです。これは本当にもうたまたまなんです。

大学時代には、2ちゃんねるという当時日本最大級のコミュニティサービスを創業した、ひろゆきさんという方と仲良くなり、そのあとに、彼がやっているサービスの社長をひょんなことからすることになりました。社長は面倒だから、誰かにやらせよう、とひろゆきさんが思ったようです。

そしてその会社の事業が、当時、ライブドアという、ホリエモンこと堀江貴文さんの会社に買収されました。ライブドアはその後、超有名な会社になるので、そうすると「なんか大学生が社長をやってる会社だけど、ホリエモンに買収されたらしいぞ」というので、社長だったぼくは学生起業家として認知されるようになります。

その結果、次は新卒でリクルートという会社に入ります。リクルートは、そういう大学時代から挑戦している人が好きなのでぼくでも入社できたのですが、この会社の人たちは「与えられた仕事をするのではなく、自分のしたいことをして、社会を変えていこうと考えるのが普通」という考えですし、リクルート出身者はだいたい数年で会社をやめて、転職したり起業したりする人が大半です。

なので、ぼくも起業したほうがいいのかな、くらいの気持ちで20代後半で再度起業することになります。特に何をする、とか決めていないまま会社を作っちゃったんです。

そうしたら、エンジェル投資家の小澤隆生さんという、現在ではYahoo! JAPANの社長をやっている方と話すことになって、「ハウツーのWikipediaみたいなものを作ろう!」と言われて、それをやるようになりました。

すると、会社を大きくするために「ベンチャーキャピタルから資金調達をしよう」となり、「資金調達をしたからには、１０００億円の企業を目指そう」となっていくわけです。なので、そういうものか、と思ってがんばって、そのあとにＫＤＤＩに買収されました。

こうやって振り返ってみると、「あれ、なんとなく周りに流されているだけじゃない？」と自分でも思うんですが、やっていくうちに周りは「この人は大学時代からよく起業をする人なので、根っからの起業家なんだろう」と思われるようになってしまい……。最終的に、ぼく自身も「ぼくは起業家であり、難しい状況でも挑戦するタイプの人間なんだな」と思い込んでしまったんですね。

なので、さらにまた起業をして、起業家として活動をしてしまっているわけです。

冷静になって考えると、もともとの自分のキャラクターからはもはやかけ離れているんですが、「失敗を恐れずに挑戦し続けて、社会を変えるようなサービスを作ろうとしている人」というキャラクターになっちゃったわけです。

その結果、今は「そういうタイプの人がとりそうな行動を毎日している」、というわけですね。

ということで、**「自分のキャラクターを設定して、それにより行動（プロセス）を変えよう」**というのが、「物語思考」でぼくの言いたい主張です。

「俺はいいけどＹＡＺＡＷＡはなんて言うかな」

キャラを作っている好例として、矢沢永吉さんという有名なアーティストを紹介します。

ご存知のかたも多いと思いますが、彼は「ロックで無骨でかっこいい不良」というイメージの人です。

そんな彼の名言で「俺はいいけどＹＡＺＡＷＡはなんて言うかな」というのがあります。よく調べると、本人が言ったかどうかはかなり不明確なんですが、逸話としてはスタッフがミスしたときに「自分はいいけど、ＹＡＺＡＷＡだったらダメって言うんじゃないか？」と言った……というのが実《まこと》しやかに囁《ささや》かれています。真偽はちょっとわからないのですが、本当だとしたらとても矢沢さんらしい発言ですね。

しかし、普通に考えると「いや、あなたはＹＡＺＡＷＡなんですから、その言い方はちょっと嫌みっぽくないですか？」と感じる人もいると思うんです。でもこれは、たぶん心から言っているのだと思うんです。

「矢沢永吉さんという個人」と「キャラクターとしてのＹＡＺＡＷＡ」はちがうのです。

（以下、矢沢永吉さんという個人は「矢沢永吉さん」と表記、キャラクターとしての矢沢さんを「ＹＡＺＡＷＡ」と表記します）。

要は、ＹＡＺＡＷＡをプロデュースしているのが矢沢永吉さんで、それぞれの人格は別なんです。ＹＡＺＡＷＡはある意味、一つのプロダクト（商品）というわけですね。

他人は、あなたの行動を見て「性格」を判断する

たとえば矢沢永吉さんは「ホテルは普通の部屋でいいよ、寝るだけだし」と思っていたとしても、ＹＡＺＡＷＡは「スイートルームに泊まっている」というのが大事なのです。

ここには「自分という個人がどう思うか」よりも「ＹＡＺＡＷＡというプロダクトに対して、お客さんが何を期待しているのか」という視点が入っています。お客さん、つまり**「他人が何を期待しているのか」というのが、とても大事なんです。**

ＹＡＺＡＷＡはスーパースターなので、そのスターが「まあ、寝られりゃどこでもいいわ」と言っていたら、ファンの期待からは外れてしまいます。それを許したら、ＹＡＺＡＷＡの商品価値が落ちるわけです。だから「俺はいいけどＹＡＺＡＷＡはなんて言うかな」と言うわけですね。

このケースでは、矢沢永吉さんもスタッフも、「ＹＡＺＡＷＡという商品」を作っている仲間です。ですので、矢沢永吉さんにお伺いを立てるよりも、一緒にＹＡＺＡＷＡのプロデュースをする立場として考えなければならなかったはずです。だから冒頭の「俺はいいけどＹＡＺ

ＡＷＡはなんて言うかな」は、まっとうな発言です。
ちなみに「ほぼ日（ほぼ日刊イトイ新聞）」のサイトの矢沢永吉さんのインタビューには、「やっぱりＹＡＺＡＷＡというキャラクターを客観的に見てるな」という記述がいくつもあります。簡単に言うと、矢沢永吉さんはＹＡＺＡＷＡというキャラクターを、自分で演じているわけです。

たとえば以下のような感じです。

矢沢　矢沢永吉を引き受けられるのは、俺しかいないと。
糸井　うん。
矢沢　あんまりおいしくないよ。
糸井　（笑）
矢沢　うそじゃないよ。あのね、なくしたものも、ものすごいから。窮屈なのも、ものすごいから。でもね、どのジャンルの人も、どの人も、それなりに、めんどくさいこともあれば、イヤな思いも抱えてる。大きさや場所は、違ってもね。すると、そこを、どう、いいほうに持っていくか、いいほうに考えるかということが大切で、そうやって、みんな生きてるんじゃないかな。
糸井　うん。

矢沢　最近はね、そういった意味じゃね、「矢沢」を気持ちよく生きたいなと思ってる。一時期は、やっぱり、「矢沢」やめたいと思ったこと何度もあるからね。

糸井　その反発をエネルギーにしてた、みたいなところあるよね。

矢沢　ある、ある！　エネルギーにもしたし、がんばりもしたよ。それでも「矢沢」なんかヘドが出ると思ったことあるよ。

まさに、矢沢永吉さんは、自分で作ったキャラをやりきっている、素晴らしい事例だと思います。

キャラとは何か？

では、本題です。どのようにキャラを作ればいいのでしょうか？

キャラを作るといいからといって「わかりました！　じゃあ明るくてなんでもすぐやるキャラになります！」と、雑に決めてしまってはあまりうまくいきません。

なので、まず「キャラとはなにか？」というところから説明します。

キャラクターという単語には、ざっくりと「①性格」という意味と「②小説や漫画などの登場人物」という意味があります。「物語思考」では、②の小説や漫画の登場人物みたいに自分を設定することで、①の性格を変える、というイメージで使っています。

では「小説などの登場人物」という意味においての「キャラクター」とはなんでしょうか。『物語の法則』（クリストファー・ボグラー&デイビッド・マッケナ）という、物語制作に関する本によると、キャラクターとは、

キャラクター＝求めるもの＋動き＋障害＋選択

という方程式で説明できるのだそうです。

簡単に説明します。

「求めるもの」とは、「キャラクターがしたいと思っていること」です。この「したいと思っていること」は、大きなものでも小さなものでもいいです。壮大なビジョンでもいいですし「冷蔵庫のビールを飲みたい」でもいいのです。

『物語の法則』にも「誰かが何かを欲しがるまでは、ドラマには何も存在しない」と書いてあります。

「動き」とは「求めるもの」だけではキャラクターは成り立たず、努力やなんらかの動きがないといけない、ということです。

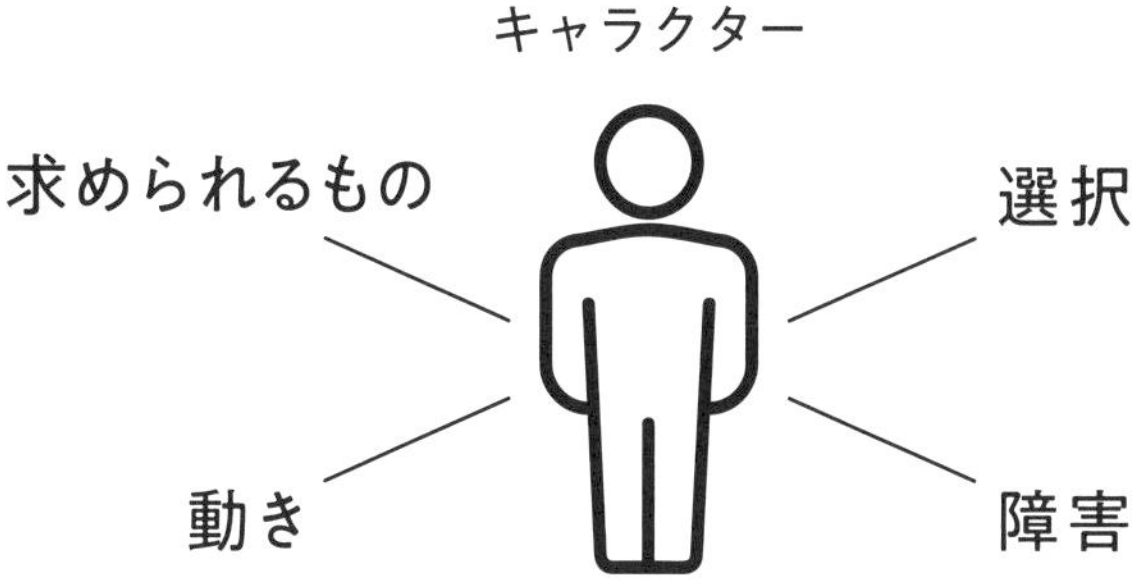

「世界を変えたいなー」という人や「ビール飲みたいなー」という人が、まったく行動をしていなかったら、ストーリーにならないということですね。

「障害」は、自分が今いる場所と、求めるもののあいだにあるものです。ライバルだったり、乗り越えなければいけないものだったりします。ビールを飲みたいと思って、冷蔵庫まで歩いて普通に飲めたらそこで物語は終わってしまいます。

　映画にするとしたら「冷蔵庫にビールがなかったのでコンビニに買いに行ったら、ちょうど強盗が入っているところで自分も事件に巻き込まれてしまった！　なんとかこの事件を解決して、ビールを買って家に帰りたい！」というくらいにしないと、おもしろくなさそうです。

「選択」は、たとえば障害にぶつかったときに、あきらめるのか？　工夫をするのか？　別のルートを考えるのか？　打ち破れるのか？　などです。

　先ほどの例だと「強盗から逃げるのか、強盗を説きふせて自首させるのか、強盗を力でやっつけるのか」などの選択肢があるわけです。

キャラクターが何を選ぶかによって、ストーリーが変わっていくということですね。

　これらを人生に置き換えると……。

「求めるもの」は自分のやりたいこと、どうしたいか？　ということです。やりたいことや、ビジョンが明確にある人はそれでいいです。そうでない人は、ステップ1の、「10年後になっていたい状態を100個くらい書いておく」というリスト作成をやっておくと、なんとなく求めるものがわかってきます。

「行動」はまさに行動です。なりたい状態があれば、それに向かって行動をしないといけません。

「障害」もそのままですね。障害です。なんでもうまくいくわけじゃないので、ガンガン障害にぶつかるのは当たり前です。障害があったり失敗したりしたほうが物語的にはおいしいよねって話も後ほどします。

「選択」もその言葉どおりですね。人生は選択の連続です。「どう選択したか？」というのが、あなたというキャラクターの特徴になります。**ここでは、「求めるもの」を使って、キャラを作る方法について紹介します。**

キャラの求めることからキャラの原型を作る

物語の作り方について書かれた本などを読むと、人間の基本的な性格から、過去の経験、その人の欲求とかから、道徳心などまで考えて作る、ということが書いてあったりしますが、そういうことをやる必要はないんです。「物語思考」で作るべきキャラは、そこまで深みがなくても大丈夫です。

イメージとしては**「自分が書いた、なりたい状態にたどり着きそうな人ってどんな感じなんだろう」などで決める感じです。**

しかし当たり前ですが、いきなり0からそれを決めるのは非常に難しいんですよね。なので、まずは、ステップ1で作った「なりたい状態」を眺めるところから始めます。

自分の作ったなりたい状態のリストの出来に自信がなくても大丈夫ですし、「今は本を読み進めているから、まだ作っていないよ」という人はそれはそれで大丈夫です。

まずは、**なりたい状態を眺めながらざっくりとイメージし、それを体現している「実在の人物」を想像します。**

なりたい状態が、たとえば「他人に振り回されるのではなく、自分の意志で人生を進めたい」とか「お金に縛られずに自由に生きる」などがあった場合に、それに近い有名人、周りの人、歴史上の人物などをリスト化していきます。

一人でなくて大丈夫です。「自分の意志で人生を進めている」はこの人、「自由に生きる」はこの人、みたいにそれぞれの人物をあげてもいいです。迷ったら空欄でもＯＫです。完璧は目指さずに、埋められるところだけを埋めていきましょう。

なりたい状態に近い人

・人からよくお願いされる人
↓会社の先輩のＸさん
・家族と幸せに暮らしている人
↓友人のＹくん
・会社を立ち上げて成功している人
↓親戚のＺさん
・世界で活躍するスポーツ選手
↓大谷翔平
・世界で活躍する俳優
↓渡辺謙
・日本で知らない人がいない有名人
↓明石家さんま
・大富豪になって慈善活動を行う人

↓ビル・ゲイツ
・世界的な映画監督
↓スティーヴン・スピルバーグ
・歴史に名前を残すような起業家
↓スティーブ・ジョブズ
・多くの分野で成功を収めている起業家
↓イーロン・マスク

「なりたい状態」のリストにないけど、この人の生き方とかは憧れるな、という人がいたら、そういう人もリストアップしてください。その場合は、憧れる人の何に憧れているのか、という点をもとに改めて、なりたい状態を書いてみてください。

こうすることで、なりたい状態のリストもアップデートされていきますし、それぞれのなりたい状態を体現している人も書かれるということになります。

これが、あなたがこれから作る「キャラの原型」のようなものです。これからいろいろなステップを経て、あなただけの、あなたの理想のキャラクターを作り上げていきます。

キャラの性質を抜き出しまくろう

このキャラの原型をもとに、さらに形作っていきます。

まず、この「なりたい状態に近い人」のリストをもとに、その人がどういう性質を持っているかをひたすら書いてみます。誰かに見せるわけでもないので、好きに書いてください。

なりたい状態に近い人の性格

人からよくお願いされる
後輩の面倒見がいい
やや上から目線で話す
親切でおせっかい焼き
人の好き嫌いがない

その上で、自分の「なりたい状態」のリストを眺めてみて、どの要素があると達成しやすいか？　を考えてみます。

この作業を繰り返します。なりたい状態のリストを更新する、そのリストの状態を体現している近い人を書いてみる、その人の性格を書き出してみるという感じです。

この段階では、自分のキャラはこうだ！　と詳しく説明できなくても大丈夫です。キャラも、数年かけて、じっくりと作り上げるものだと思ってください。

注意としては「今の自分のキャラ」みたいなものに引きずられないようにしてください。あくまで、なりたい状態に近づくためのキャラを作るべきなのです。だから、自分ではなく「なりたい状態に近い人」を洗い出して、そこからキャラの要素を抜き出しているわけです。

「なりたい状態」をもとにキャラを作るべき理由

結構やってしまいがちだと思うのですが、**いきなりただ憧れの人を書いてしまうと、自分のなりたい状態と一致しない**、ということが起こるんですね。

なので、「物語思考」では、「なりたい状態」を考えてから、キャラを設定する、という順番になっています。

そして、このときに頭の枷があったら、なりたい状態がとても小さいものになってしまいます。ステップ１で述べたように頭の枷を取り外した状態で、なりたい状態を書くのがとても重要なのです。

そのステップを経ているからこそ、このステップで作ったキャラが、今までの自分にしばられない、理想のなりたい状態に近づくためのキャラになっている、ということです。

最初にこの本を読んでいる状態では、キャラが固まりきらなくても大丈夫です。

何度も言うとおり、リストはどんどんアップデートされていく前提で作るのがおすすめです。最初は１００点を目指さず、20点くらいのものを目指してやってみてください。

そして、このリストをもとに実際に行動をするのが次のステップになります。

ステップ2のまとめ

ステップ2では「キャラを作る」というのをやりました。

今の時点では、「キャラって何？」というふうに違和感や気恥ずかしさが残る人もいるかもしれませんが、これはハウツーだと割り切って淡々と進めていくのがおすすめです。

それでは、ステップ3ではキャラに行動をさせていきます。

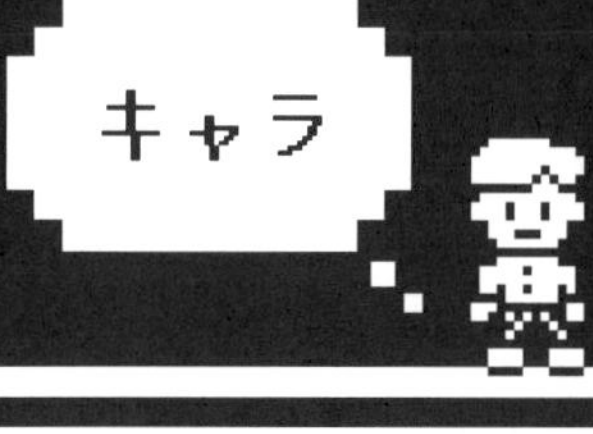

[ワークシート⑤]

なりたい状態に近い人

［ワークシート⑥］

なりたい状態に近い人の性格

ステップ3

LEVEL UP

「キャラ」に行動させよう

キャラは「行動」から〝も〟生まれる

「キャラに行動をさせる」話の前に、キャラを作るのには実は行動が欠かせない、という話をさせてください。

「あれ、自分はこういうキャラだ、というのがあるからこそ、その設定をもとに行動をするという話だったのでは？」と思うかもしれませんが、正確に言うと**「キャラが作られる」と「行動をする」は、自動車でいうところの両輪みたいなもの**なのです。

キャラがあるからそのキャラっぽい行動をしますし、キャラっぽい行動をするから、そのキャラになる、という関係なんです。

なんとなく自分の普段のキャラと違うことをしてみたら、うまくいってしまい、キャラ自体が変わる、ということは実はよくあります。電車の席なんて譲らないキャラだったのに、たまたま気が向いて譲ってみたらすごく感謝され、周りからも「あの人は優しいね」と思われたら、自分でも優しい人なのかなと思えてきて、だんだん優しい行動をするようになっていく、という感じです。

逆に言うと、キャラと行動が結びついていない場合は失敗するのです。前述のとおり、まず行動だけをしようとするとキャラがついていかなくて失敗するというのはあります。ダイエットという行動だけをしようとして失敗するというあれですね。

だからといって、キャラだけを作っても、行動が伴わないと「自分で自分を信じられない（思い込めない）」ので、それもダメなんです。

なので、「物語思考」では、頭の枷を外しながら、なりたい状態を明確にした上で、キャラを作る、そのキャラで行動をする、というのを繰り返すことで、キャラを成り立たせていく、ということをします。

ややこしそうに聞こえますが、詳しく説明するのでご安心ください。

行動がキャラに影響を与える理由

突然ですが、みなさんは自分のことをどう分析しているでしょうか？

自分のことだから、自分の性格や性質はよく理解しているよ、と思いがちですが、実は「第三者が自分を評価しているのと同じように、自分も自分自身のことを評価している」という説があるんです。

つまり第三者が「この人は優しいなあ」と思うような行動を自分がとっていれば、自分のことを「優しい人だ」と解釈しますし、自分が迷惑行為をしていたら、自分でも自分のことを「迷惑な人だ」と思ったりするということです。

ついつい、ぼくたちは自分のことは「自分は優しい人間だから、優しい行動をしている」と思ったりしがちですが、意外とほかの人が見ているように「優しい行動をしている姿を見て、優しい人だと認識する」ということですね。

たとえば、「優しい人は好かれる」というのに賛成してくれる人は多いと思うのですが、では、以下の2人のうち、どちらのほうが「優しい人」だと他人から思われるでしょうか？

Ａ：内面はすごく優しいけど、人に暴力をふるったり、人の大事にしているものを盗んだりと、迷惑行為をする人

Ｂ：内面はまったく優しくないけど、相手がしてほしいことを常にして、相手のサポートに回り、相手の感情に寄り添う行動をしている人

言うまでもなくＢですよね。内面は、他人にはわからないので行動で判断するしかないからです。

しかし、Ｂのような優しい行動をしていると、自分が自分のことを見て「自分は優しいんだ

な」と認識するわけです。つまり、どんなに今優しくなくても、優しい行動をし続けていると、自分でも自分を優しいキャラだと思うようになるということです。

『ＬＯＶＥ理論』（水野敬也）という男性向けの恋愛のハウツー本で「うわっつらＫｉｎｄｎｅｓｓ」という理論があります。この理論は「女性は優しい男が好きなわけではない。優しい行動をする男が好きなのだ」という考え方に基づいており、「この項目が優しい行動だ」というリストが載っています。たとえば「車道側を歩く」とか「女性が椅子に座るときは椅子を引く」などです。

この本がすばらしいのは「優しい男になりなさい」と書いてあるのではなく「優しい行動をしなさい」と書いてあるところです。**優しい行動をし続けることで、相手からも優しい人だと思われるようになりますし、自分のことも優しい人間だと思えるようになるからです。**

キャラがしそうな行動を書いて実践してみよう

というわけで、まずはステップ３で作ったキャラの性格をもとに「こういうときにこのキャラならどうするか？」というのを作ってみましょう。

まず、一番初めに考えるべきは「話し方」です。そのキャラならどのように言うか？

特に、何かを言われたときの反応は、みんな無意識に、反射的にしてしまっています。たとえば、外見を褒められたときに「そんなことないです！」と言ってしまう人がいますが、特に意識をせずに「褒められた→謙遜しなければ」という反応をしてしまっているわけですね。

褒めた側からしてみたら、「あなたは見る目がないです」「間違っています」と言われたように感じるので、あまりいい気持ちはしないのですが、「調子に乗っていると思われたくない」という保身から、つい謙遜してしまうということはよくあるでしょう。

ここで、自分の決めたキャラだったらどう答えるか？　などを事前になんとなくイメージします。

たとえば、褒められたら「ありがとうございます！　うれしいです！」と言う、といったようなことを考えておきます。

ちなみに、タレントの武井壮さんは、テレビに出る前に、話が上手な人のしゃべりを録音しておいて、それをまったく同じテンポで話せるようになるまで練習したらしいです。

そうすると自然と話が上手になったんだとか。もし、あなたに尊敬する人がいたら、その人の話し方を徹底的に真似てみるのも一つの手かもしれません。

さて、キャラに合わせた発言がイメージできるようになってきたら、**次は自分の生活の中で**

出てきそうなシーンなどで、そのキャラがどういう行動をするかをシミュレーションしてみます。たとえば、

シーン／行動

朝起きたときに何をするか？／ゴロゴロしないで、すぐに起きて、活動を開始する

どのように1日を始めるか？／あらかじめ立てていた予定を見直すことから始める

上司に怒られたときにどうするか？／「ご指摘ありがとうございます！」と言い、すぐに改善をした上で、それを報告する

電車に乗るときには何をしているか？／将来に役に立ちそうな本を読む。Podcastなどで耳からインプットをする

食事はどういうものを食べるか？／健康重視の食生活をする。しかし、手作り弁当などは時間がもったいないのでやらない。コンビニで栄養成分表示を見ながら選択する

普段、どういう基準で買い物をするか？／できるだけ節約するが、品質の悪い安物を買って損をしないように、ある程度の値段のものを買う

服装はどのように決めるか？／毎日迷わなくていいように、同じものをたくさん揃える

コンビニでお釣りをもらったらどうする？／お釣りは全額寄付をする

魅力的な転職先からのオファーがきた場合にどうするか？／より大変なほうを選ぶ

未経験の仕事を依頼されたときにどうするか？／その分野の本をすぐに5冊くらい読んで

「土地勘」をつける

本の読み方はどうか？／要点だけ押さえながら飛ばし飛ばし読む

ストレスを発散するために何をするか？／ジムでトレーニングをする

散歩するときはどんなことを考えているか？／街中の広告などを見て、世相について想像する

音楽の聴き方はどんな感じか？／好きなアーティストのアルバムを繰り返し聴く

恋人とデートするときは何を考えているか？／どうやったら相手がより楽しんでくれるかを考える

寝る前の時間はどうしているか？／スマホから離れて、本を読む

メンタルが落ち込んでしまったときはどうするか？／よく食べて早く寝るようにする

旅行先ではどのような過ごし方をするか？／できるだけ多くの観光スポットを回れるように予定を詰める

海外の旅行先でトラブルに巻き込まれてしまったときはどうするか？／一度心を落ち着かせて、友人に助けを求めつつスマホで対処法を検索する

もし相手を傷つけてしまったときはどうするか？／すぐに自分の非を認め、心から謝罪する

みたいな感じで書いていきます。これは「こういうときにこのキャラならどうする？」というのをたくさん作るのが重要です。

最初はできる、できないなどを考えずに、自分が作ったキャラに合わせていろいろなシチュエーションで考えてみてください。慣れてくると日常の中で「こういうときに、このキャラだったらどうするかな」というのを思い浮かべられるようになってきます。

この段階では、あまりまとまりを求めたり、きれいに整理しようとしたりする必要はありません。「こういう性格のキャラなら、こういうときにはこうするよな」というのを、各シチュエーションごとに作ればいいだけです。

これをやっていくと「あれ、この性格のキャラだと、この行動がしづらいな」というのが出てくると思うので、そういう場合はキャラの性格のリストのほうを変えてください。

どうしてもイメージがつかなかったら、前のステップで出した「なりたい状態に近い人の性格」をイメージして「その人だったらどうするか?」を想像してみるのでも大丈夫です。たとえば「X先輩だったら、こういうときどうするかな?」というふうに考えるわけです。

「このキャラだったらどう行動するか」というリストを作り終わったら、実際にそのとおりの行動を試しにしてみましょう。やっていくうちにだんだんキャラの性格に近づいていきます。

正確に言うと、**自分の性格が変わっちゃうのではなく「そういう性格の人がしそうな行動をできるようになる」**ということですね。

ここで行動がなかなか思い浮かばない場合は、そもそものキャラ設定が弱い可能性が高いです。

もう一度、ステップ2に戻って、キャラを作ってみましょう。強いキャラとは自然と行動がイメージできるものです。

本当の自分とは何か？

ここまで読んで、「でもそれは、本当の自分に嘘をついて行動しているのではないか？」「なんか表面的で気持ち悪い」と思う人もいるかもしれません。

しかし、本当の自分とはなんでしょうか？

以前、「バ美肉おじさん」という言葉がはやりました。これは「バーチャル美少女として受肉したおじさん」の略なのですが、簡単に言うと「男性がインターネット上で美少女のキャラクターになって活動する」ことです。たとえば40歳ぐらいの男性が美少女のVTuber（バーチャルYouTuber）として活動するという感じです。

おもしろいのが、女性として振る舞い、ファンもおじさんのことを女性として扱いはじめると、女の子っぽいものが好きになったり、普段の日常生活でも自分が女性として扱われないことに不満を感じたりするようになるらしいんです。

つまり、40歳の男性が40歳の男性っぽい趣味や服装をするのは、単に見た目が40歳の男性だからであって、10代の美少女になってそのように扱われると、趣味や内面すら変わるということです。

同じように、誰でも社長のように扱われれば社長っぽくなりますし、マフィアのボスのように扱われればマフィアのボスっぽくなります。そのくらい、自分の内面というのは曖昧《あいまい》なのです。

さっきも書いたように、ぼくは挑戦し続けたり、人前に立ったり、リーダーシップを発揮したりするタイプじゃなかったんですが、しかし、ひょんなことから起業をして、起業家として行動をし続けているうちに、「自分は挑戦して、リーダーシップをとる人間」だと今は認識してしまっています。

まとめると「人は、人の内面を行動を見て判断する」「自分は他人が見ているのと同じように、自分の行動を見て、自分の内面がこうだと認識する」「なので、行動を変えることで自分というキャラを変えることができる」ということです。

そして、キャラが本当の自分と違っても、むしろよい、という場合もあります。その方が極端でわかりやすいキャラを表現できるのです。たとえば前述の矢沢永吉さんは、キャロルというバンドをやっていたときは不良っぽいロックンローラーでしたが、当時のことについてこう語っています。

矢沢　そうだね。あれさ、キャロルはリーゼントで、革ジャンパーでロックンロール。ソロになっても、矢沢永吉は、白のスーツに、日比谷でロックンロール。あれもし矢沢が芯までも不良だったら、成立しなかったんじゃないかな。芯まで不良だったら、おもしろくねーもん。

つまり、矢沢永吉さんがもし芯まで不良だったら、つまらないし、あそこまでやりきれないということだと思います。矢沢永吉という、不良のロックンローラー、というキャラを決めたからこそ、やりきれるわけですね。

たとえば、本当の不良だったとしたら、歳をとって丸くなると「昔は悪かったんだよね」という感じになってしまったりします。でも不良がキャラだとしたら、70歳まで不良っぽいキャラを演じることが可能なのです。

つまり、繰り返しになりますが、**「自分とはなにか」を考えるよりも、なりたいキャラを考**

え、そのキャラがしそうな行動をリストアップし、ひたすら行動していくほうが、いきいきと自分が生きたいような人生を楽しめるようになるはずです。

ステップ3のまとめ

行動リストは作れたでしょうか？

まだ完璧じゃなくても大丈夫です。「だいたいそういうのを決めるといいんだな」と理解していれば90点です。実際に作っていたら、１００点。実際に動けてたら１０００点です。

というわけで、ここまでのステップの内容をまとめます。まずステップ１で頭の枷を外しながらなりたい姿をイメージしました。次に、ステップ２でなりたい姿になれそうなキャラの性格を作りました。そして、このステップ３では、そのキャラに合う行動リストを作る話をしました。

次のステップでは、そのキャラがさらに活きる環境の作り方について話します。

[ワークシート⑦]

自分がなりたい人は、
さまざまなシーンでどんな行動をする？

シーン		行動
	▶	

ステップ4

LEVEL UP

キャラが
最高に活きる
環境を
作ろう

ここまでは、キャラを作って、キャラに行動をさせよう、という話でした。

この状態でも「物語思考」は十分に効果を発揮します。なぜなら、今まで「自分」という一つの視点しかなかったのが、別のキャラの視点を手に入れることになるからです。

これだけでも、人生の見方はだいぶ変わります。週末だけキャラを変えてみるとか、「上司に怒られたときの振る舞いだけ理想のキャラで演じてみる」みたいな形で使えます。


しかし、**同じ環境でキャラを変えたとしても、なかなか真価を発揮することはできません。**

極端な話、なりたい姿を「誰もが憧れる人間になろう、だから身体も絞るし、何ごとにも一生懸命になって、成果を出していこう」とした上で、キャラを「決めたことをきちんとやりきれる人」と設定してたとしても、ラーメンの食べ歩きをする「ラーメンサークル」みたいなのに入ってたら、ノルマに対して、効率的にラーメンを食べに行っちゃいますよね。それはそれでやりきってて素敵かもしれませんが、身体は絞れなそうですし、健康からは遠ざかってしまったりします。

でも、それが「ストイックな運動をするサークルに入る」というのをやると、誰もラーメンを食べていないし、食事に気をつけている人ばかりだったりするので、自分のキャラの運用もスムーズになったりするのです。


というわけで、さらに先に進みたい人のために**ステップ4では「環境を作ってキャラが最高**

に活きる状態を作る」という話をしたいと思います。

その話に入る前に、このステップ4でも、「いかに環境が行動に影響を与えるか」という話を、ページを割いて説明します。繰り返しになりますが、ただ本に書いてあることを実践するよりも、自分の頭の中で納得できるようになってたほうが効果が高いと思っているからです。

まずは自分は「自分」をどう認識しているのか、という話を書きます。

自分は「自分」をどう認識しているか

ステップ3でも書きましたが、人間は、「自分は自分の考えていることがわかるから、自分がいちばん自分のことを知っている」と思っているけど、**実は他人が自分のことを判断するように、自分のことを判断している**、という側面があるらしいです。

『ずる』（ダン・アリエリー）という本によると、これは「自己シグナリング」と呼ばれるらしいです。この本には、以下のように書かれています。

自己シグナリングとは簡単に言うと、人は自分で思っているほどには、自分のことははっきりわかっていないことが多いという考えだ。わたしたちは大抵、自分の好みや個性は、自分が一番よく知っていると思っているが、実は自分のことはあまりよくわかっていない（し、自分で思っているほど自分のことをよく知らない）。
むしろ私たちは他人の行動を観察し、評価するのと同じ方法で、自分のことを観察している。つまり自分の行動から、自分の人となりや好みを推し量っているのだ。

要するに**「自分で自分の行動を見て、自分の性格を判断している」**ということです。他人のことを判断するときに、相手の行動を見て「こういう性格かな？」と思ったりするのと同じ、ということですね。

たとえば、毎日、朝ダラダラと遅くまで寝ていると、自分はだらけた人間だ、と思ってしまったりするということです。そういうことを繰り返しているのに「自分はきっちりとしていて、朝はやくから生産的なことをできる人間だ」とは思えないのですね。

「自分は自分の行動を見て、自分の性格を判断している」。これはとても大事な前提なので、覚えておいてください。

じゃあ、その「自分の行動」はどこからくるのかを考えます。少し大胆な仮説ですが、自分の行動は「まわりが自分をどう扱うか」によって変わるのではないかとぼくは思っています。

前述した、「バ美肉おじさん」を体験した人の発言で、以下のようなものがありました。

【バ美肉した弊害】
リアルで友人が私のことを女の子扱いしてくれないこと（当然だが）で、時々傷ついてしまう。
精神の女性化が本格的に進んでいて、リアルでもかわいいって言われたくなってしまっている。
冗談に聞こえるかもしれないけど、割と今後が不安。
（引用元：あまおかさんのツイートhttps://twitter.com/like_amaiokashi/status/1137700619983020032?s=20）

つまり、美少女の見た目をしていると、みんなが美少女として扱ってくれるわけです。そうすることで、自分の内面もそっちに引きずられる、ということですね。

これは「自分の見た目に影響されて行動が変わる、そしてさらに影響されて性格まで変わる」というおもしろい事例だと思います。

これは決して特殊な事例ではありません。とある友だちは、VTuberとして美少女になったら、明らかに小物や服の趣味が、かわいい女性が好きそうなものになったと言っていました。

また、VTuber系の会社に勤めているエンジニアが美少女になって動きのテストをしてたんですが、どんどんかわいらしい動きができるようになっていったのを見たこともあります。

つまりは「見た目が変わると、周りからの扱われ方も変わる。扱われ方が変わると、それに

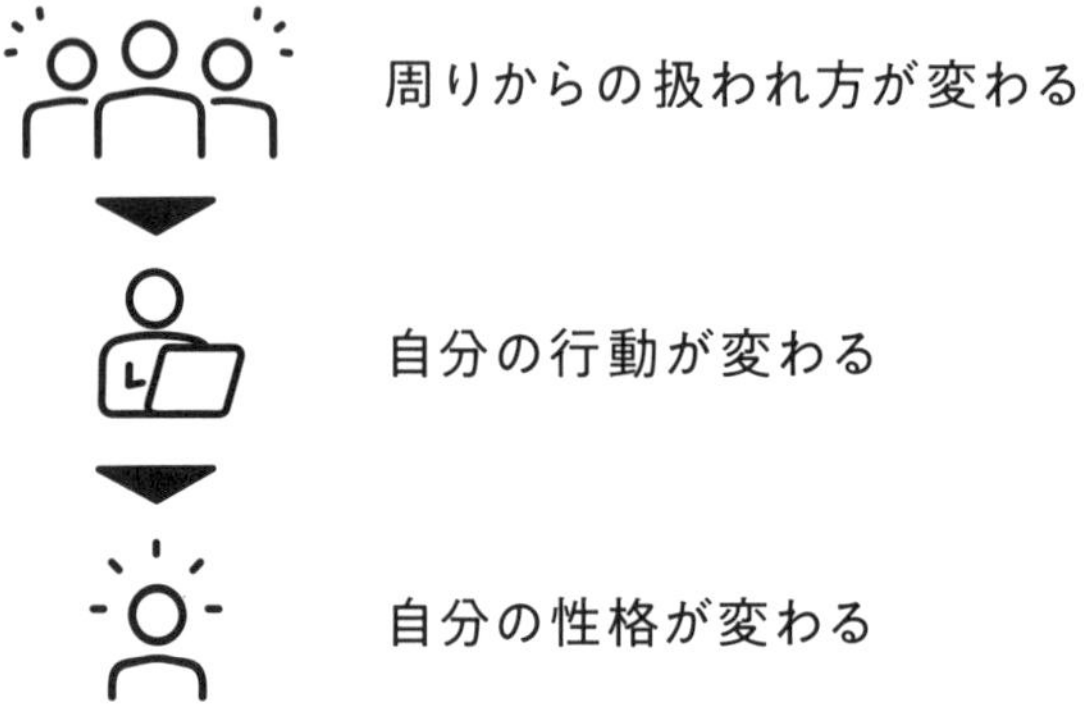

合わせた行動をするようになる」ということじゃないかと思います。

そして「自分の行動を見て、自分はこういう性格じゃないか、と自分が判断する」という、ややこしいことになっています。

これをいろいろな整合性や例外を一切無視して、わかりやすく断言するなら、

周りからの扱われ方が変わる→自分の行動が変わる→自分の性格が変わる

こんな感じで考えるといいと思います。

時代や国が変われば、自分も変わる

ちょっとだけ話は脱線しますが、いかに環境が大きく影響を与えるかという話をもう少ししておくと……。

VTuberの例よりももっと大きく、周囲からの扱われ方が変化するものがあります。それは、時代や国などの、大きな環境です。

たとえば、ある真面目な警察官がいたとして、それが第二次世界大戦時の、独裁の軍事政権下の国と、21世紀の平和で豊かな国とでは、彼に期待される行動はかなり変わるはずです。独裁政権の下では、政権に異を唱える人を厳しく逮捕しまくるのが評価されたりしますし、平和な国の場合、優しく道案内などをすることを期待されたりするわけです。

まったく同じDNAを持った人でも、おそらく時代や国によってまわりからの扱われ方が変わる。それで行動が変わり、そして性格も変わるわけです。

そう考えると、**だいたいの個人の性格の違いなどは誤差みたいなもので、ほとんどは状況や環境によって生み出されているもの、と考えるほうが合理的です。**

たとえば、明治維新の立役者たちは「あの時代の、あの瞬間、あの場所に、たまたますごい人たちが集まった」というより「歴史の流れの中で、その役割の人が必要だった」みたいな感じなのだと思います。

江戸時代の長い歴史の中で、優秀な人たちが、たまたまピンポイントであの瞬間に、同じ場所に出てくるはずはないですよね。

環境のなかで「役割」が付与されただけ

というわけで、個人が成功するかどうかは、その人の高い能力や才能のおかげではなく、時代などの環境によって、役割が付与されただけなのではないかと思っています。

ぼくらは成功者を見ると「その人の努力や才能で成功した」と思いがちです。でも「時代の流れの中で、たまたまその場にいた」というのは、成功の大きな要因なんです。

そういえば、**大きく成功する人ほど「自分のおかげではなくて、運やまわりのおかげ」と言ったりします。**これは謙遜や嫉妬されないための発言ではなくて、成功者ほど「あ、これ自分の実力じゃないな」と感じることが多いんだと思います。

たとえば、スティーブ・ジョブズはめちゃくちゃ偉大ですが、彼が今、20歳だとしたら、いまから世界一の企業を作れる可能性は低いはずです。

ぼくが思うに、成功者というのは「時代という大きな流れの中で必要な役割があり、それをたまたま付与されただけの存在」なんじゃないでしょうか。

ジョブズがいなくても、おそらくパーソナルコンピューターは普及して、スマートフォンも普及したのではないかな、と。それが10年早いか遅いか、くらいの影響度はあるかもしれませんし、細かいところはもちろん変わるでしょうけど、大きな流れでいうと誤差のようなものです。

こういうことを書くと、「すべての運命は決まっていて、人の努力では変更できない」という「宿命論者（運命論者）」だと思われたりするかもしれませんが、そういうわけでもないんです。人は人の努力によって、いろいろなものを進化させてきました。だからひたむきに、なにかをやるというのはとても重要だと思っています。

ただ、**時代の流れや環境によって、結果はだいぶ違う**というのは覚えておいてもいいのではないか、と思っています。

「人は立場によって性格や行動が変わる」

環境と似た言葉として「立場」も重要です。人は立場によって変わっていきます。

たとえば、今日から突然、大会社の社長に就任して、社長のように扱われると、だんだんそういう感じの人になる、みたいな感じです。

現実の世界では、「今までは平社員だったけど、リーダー職になってから、みんなからリーダーとして扱われるからそれっぽくなる」みたいなことが一番多く見られる例です。学校の先生も、先生として扱われるから、だんだん先生っぽくなっていくらしいです。

みんな「自分はこういう性格や性質があるから」というのを決めつけちゃったりします。

「私は小さい頃から内気だし、人をひっぱるタイプじゃないので、リーダーはできません」といったような感じです。

しかし、周りの人にリーダーとして扱われていると、自然とリーダーのような振る舞いになったりします。

ぼくはいろいろな会社にエンジェル投資というものをしています。投資先の会社の社長は、若い大学生みたいな人たちも少なくありません。で、投資する時点では、だいたい会社を立ち上げたばかりの、単なる若者です。

しかし、株主からも社員からも取引先からも、ずっと「社長」として扱われていくと、割とすぐに、みんな社長っぽくなります。というか、社長っぽくならないとやっていけないのです。起業する前から、社長っぽい、リーダーシップを発揮するタイプもいるんですが、半分以上が「社長になったから社長っぽくなった」という感じです。

なので、「自分は社長になんて向いていない、無理だ」と思ってやらないのはもったいない可能性もあります。社長をやってみたら、社長っぽくなっていくのであれば、今の自分の性格とか性質はそこまで重要ではないからです。

このように、**ステップ3までに作った理想のキャラがあり、そのキャラのように扱われる環境を作るだけで、割と簡単に人格などは変わるのではないかなと思っています。**

極端な例でイメージするとしたら「誰からもめちゃくちゃおもしろい人だと思われている、たとえば松本人志さんみたいな感じ」に全員が接してくるとして……。

何か会話が盛り上がったときに、常に自分にはおもしろいことを言うのを期待されている、そして一言何か言ったら、だいたい大爆笑になる、周りももっとおもしろくなるように動いてくれる、みたいになっていたりすると、おそらく、おもしろいことを言うキャラになっていくはずなんです。

それを期待され、それを求められ、おもしろいことを言いやすい環境が揃うからです。そうすると、日頃から、おもしろいことを考え、何をどうすれば笑いがとれるかを考え、日々のインプットも変わってくるわけです。

扱われ方が重要、という話をもう一つします。

マルコム・グラッドウェルの『天才！』という本によると、カナダのプロ・アイスホッケー選手には1月生まれが圧倒的に多いらしいですね。というのも、チームに入れる年齢の境目が12月末であり、1月生まれは、同じ年で1月生まれから12月生まれまでの子どもたちの中で一番歳が上になり、有利になるからです。小さいころは、数ヶ月でだいぶ成長に差が出ますからね。

そうすると、1月生まれの人は、「この人は才能がある」「見込みがある」というので、コーチやチーム内で一目置かれるようになります。すると、よりよい指導を受けたり、それにより自分もモチベーションが上がりがんばるようになり、試合に出るチャンスも増え経験が増えるというポジティブなサイクルが回りまくり、最終的にはプロになる、ということなのかなと考えられます。

プロになる年齢では、数ヶ月の成長の差はほとんどないはずです。となると、1月生まれのプロ選手が多いのは、子ども時代の周囲からの扱われ方によるものだ、と言ってもいいのではないでしょうか。

勇気がないわけじゃなくて環境が違う

よく「起業したいんだけど、勇気がない」という相談を受けます。そういうことを言う人は、自分の意志が弱いんじゃないか、勇気がないんじゃないか、と考えて落ち込んだりしているんですが……。

それは、単に周りがそういう環境じゃないから、というふうに考えてもいいかもしれません。たとえば、スタンフォード大学の場合、起業は当たり前の選択肢の一つらしいです。場合によっては「クラス全員が起業しようと思っている」ということもあるんだとか。

孫泰蔵さんという、パズドラの会社の「ガンホー」を作ったり、投資家をしていたりする有名な方がいます。彼のFacebookに、こんな投稿がありました。

昨晩ある米国のたいへん著名なインベストメントバンカーと食事をしながらいろんな話をしたのだが、その中でも次の話は非常に印象的だった。

「もともと米国の上位の大学ではいちばん優秀な学生は起業をし、その次に優秀な学生はベンチャーに就職し、優秀とは言い難い学生が大企業に就職するという傾向があったが、最近はその傾向にますます拍車がかかっており、昨年スタンフォード大学の学生にアンケートを取ったら、卒業したら全員起業すると言っていたそうだ。なんと全員だよ！　信じられるかい？」

（以下省略）

要約すると、「スタンフォードの大学生にアンケートを取ったら、全員が『将来は起業する』と言った！」という話です。


日本では、大学を卒業したら、就職したり公務員になったりするのがまだまだ一般的です。

だからといって「アメリカ人は起業家精神が旺盛で、日本人はリスクを好まない」ということになるかというと、そうとも限りません。

たとえば、あなたが大学を卒業したあとに、大手銀行に就職しようと思っていたとします。

しかし、もしほとんどの人が起業をする予定だったとしたらどうでしょうか？

「就職する」とまわりに言ったら、

「え……就職するの？　大企業って上司も選べないし、部署も会社が選ぶことになるし、人間関係も選べないよ？　給与も人が決めたものをもらうだけなのに、新卒で入ったらみんな雑用とか、下っ端の仕事ばかりじゃん。起業したら20代で億万長者は普通にあるけど、就職だとその可能性はほぼ0でしょ？　なぜみんな起業するのに、わざわざ就職するの？」

などと言われるわけです。

そうすると「みんな起業しているのに自分だけ就職する」ということになるので、就職に対する相当な熱意や信念、自信が必要になります。

今は、この逆のことを起業する人が言われていることになり、起業する人はそれなりの信念とかがないといけなくなりますが、逆になると、就職する人こそが、熱意や信念がないといけない、というふうになったりします。

スタンフォードの学生たちがみんな、起業に対して熱い思いやエネルギーを持っているのかというと、そうじゃないはずです。「むしろ就職という選択肢をとるほうがエネルギーが必要」「起業という選択肢をとっても、あまりエネルギーがいらない」という環境なんじゃないかと思います。

さらに「まわりも普通にできているから、自分も起業できるな」と思えますし、昔は自分と大差なかった同級生が、大成功して億万長者になっている姿を見ると「自分にもできるな」と思えたりするわけです。

というわけで……。

理想の自分や「こうしたい」というものがあるときに「自分が努力をする」とか「まわりがなんと言おうと自分の信念を貫く」とかはダメなパターンです。一部の超人をのぞいて、普通の人は、そんなことできません。非合理的です。効率が悪すぎるんです。川の流れに逆らってボートを漕《こ》いでいるみたいなものなので。

そうではなく、まわりを自分の理想の状態の人たちにしまくるだけで、連鎖反応が起こって、いつの間にか自分も行動しちゃうというわけです。

ということで、「行動しろ！」というビジネス書を読んで、がんばって行動しようとする……みたいなことをする前に、どういう人物として自分が扱われるのか、どういう環境だとそうなるのか、というところを考えて、そういう場所に飛び込むほうがいいんじゃないかと思っています。

環境とは周りの人のこと

「いかに環境が影響を与えるか」ということについて、だいぶ長く説明しました。

そろそろ実践に入りたいところですが、もう少しだけ言葉の意味を深めさせてください。

今まで使ってきた「環境」という言葉の意味は何か、ということです。これは「仕事場の環境」みたいな意味というよりも、「周りにどんな人がいるか」という意味で使っています。

「自分を変えるならまず環境を変えよう」というのは、要は「周りにいる人」を変えよう、ということだと思っています。

「行動の連鎖反応」という言葉があります。

これは『社会的ジレンマ――「環境破壊」から「いじめ」まで』（山岸俊男）という本に出てきた言葉なのですが、ぼくなりの表現と解釈でざっくりと説明してみます。

人にいい行動をさせようとするときって、インセンティブを考える場合が多いと思います。たとえば「いいことをしたら１０００円あげる」「悪いことをしたら１０００円とる」みたいな感じです。

経済学などでは「適切なインセンティブがあれば、そのとおりに人は動く」という前提で考えたりします。でも人ってなかなかそう単純には動かないですよね。

いいことをするたびにアメをあげて、悪いことをするたびにムチを与えていたらどうなるかというと、「過剰統制」という状態になってしまいます。

過剰統制ってめちゃくちゃコストがかかるんです。当たり前ですね。いちいち「これはいいこと、これは悪いこと」と、コストをかけてアメとムチを与え続けるのですから。非効率極まりないです。

社会は「みんなが原理に従った協力行動をとっている」ほうが効率的だし、利益が大きいです。「みんなこうしているから自分もこうしよう」ということってめちゃくちゃありますが、あれをうまく活用できればコストを抑えて社会をよくできるはずなんです。

この本の著者はここで、「限界質量」という理論を出しています。

「限界質量」とはもともと「核反応を引き起こすのに必要なウランの量」を示したものです。核物質であるウランは、一定の量を超えると急激に核反応が起こるんです。

これと同じように、**人間の行動も「ある一定の量を超えると、一気に連鎖的に反応が起こるよ」という意味で「限界質量」という言葉を使っています。**

この本では、「限界質量」をいじめのケースでたとえています。詳細を書くと長くなってしまうので、ざっくり説明します。

たとえば11人のクラスで、１人がいじめっこ、それ以外の10人がいじめをやめさせようとしている、というケースです。

この中には「まわりがどう行動するかなんて関係ない！　私はいじめをやめさせる！」という完全な正義主義者もいれば、「自分以外、全員がいじめをやめさせようとしていても関係ない、自分には得じゃないからね」という完璧な利己主義者もいるでしょう。でも、大多数の人は「〇人がいじめをやめさせようとしているなら、私も協力してもいい」という人です。

たとえば10人中５人（50％）がいじめをやめさせようとしている状態だと、そこに１人加わり、10人中６人（60％）が「協力してもいいかな」という状態になりますが、一方で10人中３人（30％）しかいじめをやめさせようとする人がいなかったら、実際に「協力してもいいかな」と思うのは10人中２人（20%）で、１人減ってしまったりします。細かい設定は本をお読みいただくとして、このシミュレーションをやってみます。

すると、

・30%の人が協力している状態だと、20%の人しか「協力したい」と思わない。つまり10%減ってしまう。すると20%の人だけがいじめをやめさせようとする。ただそうすると、協力する人は13%しかいなくなり……、最終的にいじめをやめさせようとする人は10%くらいで安定する。

こうなるんです。

つまり「まわりがどうであろうと関係ないよ」という人しか残らなくなり、ほとんどの人はいじめをやめさせるのに協力しなくなるということです。逆に、

・50%の人がいじめをやめさせる状態だったら「50%がいじめをやめさせようとするなら、私もそこに協力してもいいよ」という人が、58%いることになる。そして「58%がいじめをやめさせようとするなら、私もそこに協力してもいいよ」という人が67%になる。そのままいくと、

いじめをやめさせようとする人は87％まで増える。

このようになるのだそうです。

つまり、この状態になると、いじめを止めようとしないのは「まわりがどうであろうと、自分には関係ないから何もしないよ」という完璧な利己主義者だけ。ほかはみんなやめさせるようになるらしいんです。

ちょっとややこしいですが、ものすごく直感的に言うと「多くの人がやっていることの側につきたい」ということですね。

これを応用すると、要は**「自分が理想とするキャラの行動をしている人の中に交じるだけで、自分も行動できるようになっちゃう」ということです。**

これが、ステップ４でいう「環境を作ろう」という話です。

「物語の登場人物」を変えるだけで自分の性格も変わる

今までの話をまとめると、「環境によって自分の行動も変わっていき、行動が変わると、自分はこういう性格なんだ、と自己認識が変わる」ということです。

これを「物語思考」っぽく言い換えると、**「自分の物語に出てくる登場人物を変えるだけで自分（主人公）のキャラも変わるし、物語も大きく変わる」**ということです。

先ほど書いたように、「自分が自分の性格を判断するときには、第三者と同じように自分の行動を見て判断している」ので、「まわりが起業をしているから流されて自分も起業をした」というだけでも「自分は起業をする人＝リスクをとってチャレンジできる人間なんだ」と自分の性格を判断するようになるのです。

ぼくがリクルートで経験した事例を、もう一つ紹介します。

リクルート入社時に上司に「何年くらいいるの？」と聞かれて「3年はがんばります」と言ったらすごくびっくりされて、心配されたんですね。「あいつ、理由もないのに会社に3年もいようとしている……」「仕事への意欲がないんじゃないか」といった感じです。

リクルートにおいて「入社した直後に、あと3年間いると宣言する」のは、「ちょっと変わった答えをする変な人」という感じになったのです。もちろん、やりたいことがあったり、好きで会社にいるならまったく問題ないんですが、まだ仕事もしていない新入社員が3年もいる、と言うのは変だな、と思われたのかもしれません。

もちろん、一般的には最初に入った会社で3年はいようと思うことはまったく不思議ではありません。たまたまリクルートがそういう環境だったんです。

さらに、「なんで自分の会社を持っていないの？　やる気ないの？」と言われたりもしました。副業をしろということではありません。「昼はリクルートで働いて、夜は自分の会社とかをやるのが普通でしょ。やっていないってことは何しているの？　遊んでいるの？」みたいな感じでした。

これは上から目線でもマウンティングでもなく、普通に「常識から外れたことをやっている変なやつ」として言われていました。

そのような感じだったので、ぼくはリクルート在籍中にも会社を作りましたし、そのあとに起業をしました。ぼくは起業をしたかった人でもないし、社長とかリーダーになるタイプではないという自覚があるんですが、ある意味では「周りの常識になんとなく合わせただけ」で起業しちゃったわけです。

そうすると、起業したらまわりが起業家や投資家ばかりになるので、それが当たり前になります。そうすると行動も起業家っぽくなるわけです。

今では、すごく起業家っぽい振る舞いをしているという自覚があるんですが、これはぼくの性質でも性格でもなく、流されやすく、影響されやすく、人と違うことをする勇気がないぼくが周りの影響を受けただけなのです。

つまり、**「自分の物語の登場人物を変える」だけで、自分を変えることができるのです。**それが一番楽で効果が高い方法なんじゃないかと思っています。自分の内面や意識、覚悟をどうこうするより、そういう環境にいちゃったほうが楽なのです。

　また、自分の能力は、自分の所属するコミュニティの平均ぐらいになると言われます。逆説的ですが、自分の周りの人をすごくしていけば、自然と自分の能力も上がっていく、ということになります。

自分が望む環境に入り込む方法

　というわけで、環境によって自分の性格も変わるし能力も変わるよね、というのを長く説明してきたところで、いよいよ「どうやってそんな環境を作るのか」という話です。

　先ほども言いましたが、基本的には環境＝周りの人、と考えるほうがシンプルです。さらに、自分がなりたいキャラになるためには、「なりたいキャラに近い人がいそうな環境に身を置く」のが簡単です。

　じゃあ、自分がなりたいキャラに近い人がいそうな環境に行くにはどうしたらいいか？　を説明します。ステップとしては以下のとおりです。

①なりたいキャラがいそうな場所を探す
②その場所にうまく入り込むきっかけを作る

③その中の一員になる

さっそくいきます。

なりたいキャラがいそうな場所を探す間違った方法

まず、自分がなりたいキャラはすでにできていると仮定して、そういう人がどこにいるのか……です。

間違いがちなやり方から説明したほうがわかりやすいと思うので、説明します。

たとえば、起業をするなどして、自分のビジネスを立ち上げて、自分がやりたいことを全力でやれるタイプの人間になりたい、と思ったら、そういう人たちが多くいる場所に行きたいわけです。

しかし、ここで多くの人がやりがちなのは「今すぐ会社をやめて起業するのは怖いので、起業を目指している人の集まりに行こう」とかしてしまうことです。

一見よさそうなんですが、当然ながら、「起業を目指している人の集まり」というのは、**起業を目指している人が集まっている**場所になります。これを言い換えると、今すぐ会社をやめて起業するのは怖い、と思っている人が集まっている可能性が高いんです。

おそらくそこに行ったら「会社やめるのって怖いよな！　でも起業したいよな！」という人

と仲良くなってしまうんです。「起業をしている人」と「起業を目指している人」、近そうですが、実際はものすごい差があるんですね。

その結果、そこにいてもしょっちゅうビジネスアイデアや起業への思いを語る仲間はできるけど、結局起業しない、という人になる可能性が高いです。

このように、適切な環境を探したつもりが間違っているというのはよくあります。

「わかった、じゃあ起業している人の集まりに行けばいいんだな」と次は思いますよね。しかし、ここでも間違った環境に行ってしまうことがあります。

たとえば、「ソフトバンクの孫正義さんやサイバーエージェントの藤田晋さんみたいなＩＴ系の起業家になりたい！」と思っているのに、飲食店などで起業をしている人の集まりに行ってしまうと、全然ノリが違います。ビジネスルールから、人の性質まで違うので、おそらくあまり参考にならないでしょう。

つまり、**「なりたい姿の解像度が低いと、とんでもないミスをする可能性がある」**ということです。「挑戦をする起業家になるぞ」くらいだったら飲食店のオーナーでもＩＴ会社の経営者でもどちらでもいいと思うんですが、深く考えてみて「孫正義さんには近いけど、そこらへんの飲食店のオーナーとは違うな」などと思うようなら、実は自分の希望とまったく違うキャラクターになってしまう可能性があるわけです。

なりたいキャラの人がいそうな環境を探す方法

じゃあ、どうするといいかというと、**一つは「キーパーソンを探す」です。**

自分がなりたいキャラに近そうな人をまずはインターネット上などで探してみます。注意点としては、現役の人を探すということ。歴史上の人物になりたい、と思ったとして、その人が所属していたコミュニティなどが今は存在しない、ということはよくあるからです。

そのキーパーソンをどう探すのか、というところが一番難しいと思うんですが、やり方のコツとしては、

- 今、自分が知っている中で、一番理想のキャラに近い人を探すor考えてみる
- その人の持っているプロフィールを分解する。所属、経歴、実績など
- それをもとに検索してみる

などです。

一番理想のキャラに近い人がすぐに見つかる場合は、その人の持っている経歴を分解してみ

ます。コツとしては、なるべく現役で活躍している人、自分と距離が近い人だとやりやすいでしょう。

どうしても偉人がいいという人は、一度、その人の特徴やプロフィールを調べていき、今の現役の人で似たような人がいないか、というのを探すのも一つの手です。

たとえば、スティーブ・ジョブズのような偉人になりたい、と思っていたら、スティーブ・ジョブズのプロフィールを探してみて、分解していきます。そうすると、「この思想に影響を受けている」とか「こういう経歴がある」「こういうコミュニティに属している」などがわかつてきます。そのあとに、そうしたコミュニティの中にスティーブ・ジョブズっぽい人がいないか、と探してみるのです。

具体的な人が思い浮かばない場合でも大丈夫です。たとえば、あなたが会社員だった場合、「大きな企業の中で、社内の軋轢《あつれき》に影響を受けず、実績をとにかく出して、大改革をして結果を出し、将来的に社長になる」みたいなのが理想の状態とキャラだとしたら、それをやってそうな人を探せばいいのです。

ここでは地道に、ＳＮＳのプロフィールを読み込んだり、業界の中で誰が影響度が高いか、などを調べたりします。

うわ、面倒だ、と思うかもしれませんが、これは「自分のなりたいキャラの解像度を上げる」という意味でもとても大事です。

今どきは、ＳＮＳやYouTubeで情報発信をしている人がたくさんいるので、探しやすいでしょう。

そして、その中で、近そうな人を見たら、その人のことを徹底的に調べます。調べ尽くしたときに「あ、この人は自分の理想に近いな」と思ったら、次は、その人が所属しているコミュニティにどうすれば入れるかを考えます。

要は、「一人だけ、自分の理想に近いキャラの人を探してしまえば、その人が所属しているコミュニティに入ればいい」ということですね。

「その人のいるコミュニティに入れるか？」はいろいろな運や状況によると思うので、ここでは数人、ピックアップするのがおすすめです。

サードドアの概念を知る

この人が自分のなりたいキャラに近い、というのが決まったら、次は、その人のいるコミュニティに入る方法をお伝えします。

と、その前に……。多くの人がここで、正面突破をしようとしちゃうんですね。それでももちろんいいんですが、**何者でもない人がいきなり理想的なコミュニティに入るのは難易度が高いはずです。**なので、コミュニティへの入り方の説明をする前に、まずは「サードドア」という考え方を紹介させてください。

サードドアとは、『サードドア』（アレックス・バナヤン）という本の中に出てくる概念です。ものすごく、ざっくり言うと、18歳の大学生が、ビル・ゲイツ、レディー・ガガ、スピルバーグといった世界的な有名人にインタビューしまくる話です。本の紹介を引用します。

人生、ビジネス、成功。

どれもナイトクラブみたいなものだ。つねに3つの入り口が用意されている。

ファーストドア：正面入り口だ。長い行列が弧を描いて続き、入れるかどうか気をもみながら、99％の人がそこに並ぶ。

セカンドドア：VIP専用入り口だ。億万長者、セレブ、名家に生まれた人だけが利用できる。

それから、いつだってそこにあるのに、誰も教えてくれないドアがある。サードドアだ。

行列から飛び出し、裏道を駆け抜け、何百回もノックして窓を乗り越え、キッチンをこっそり通り抜けたその先に——

必ずある。

要は、人が選ばない、抜け道のようなものをサードドアと呼んでいるわけです。「抜け道」と言うと、何かズルをしたりするように聞こえますが、そんなことはないんです。

どちらかと言うと**「お金もコネもない人が成功するためには、ほかの人と違う方法をとらないといけないよね」**という話です。

たとえば、何者でもない普通の大学生が、すごくえらい人にインタビューしようと思ったとします。でも、正面から、ホームページのメールフォームにメッセージを送っても無視されるわけです。じゃあ、どうするのか。それがこの本の趣旨です。

実際に大学生が悪戦苦闘していく話なので、すごくおもしろいです。まず、クイズ番組に出て賞金をもらって、その賞金で活動するところからスタートするのですが、そこからもうおもしろい。

主人公はクイズ番組に応募して、ネットで攻略法を聞きまくって、観客席から選んでもらうために必死に派手な服装などをして目立って、現場では周りの人に「初参加者がどうすれば勝てるのか」を聞きまくって、実際に優勝して、日本円で１００万円近くを手に入れます。

具体的な内容は本を読んでみてください。

理想のキャラがいるコミュニティに入る方法

では、理想の環境に入るにはどうしたらいいかを説明します。

たとえば、先ほどの「挑戦し続ける起業家になりたい」であれば、起業家がいる環境に飛び込む必要があります。この場合においてのサードドアは、どんな方法があるでしょうか。

たとえば、ぼくの知り合いのとある起業家で、起業をする前に、「採用のためのメディアを立ち上げて、いろいろな起業家などにインタビューをしまくった」みたいなことをした人がいます。

その人は記事を書く力があったので、メディアをやることで多くの人と知り合いになってコミュニティに入り込み、理想とする起業家についての理解を深めていきました。

そして、最終的には自分で起業をして、数年でとある大企業に会社ごと売却をして、億万長者になったのです。

この方法が優れているのは、いろいろな起業家に話を聞いて、成功した方法を聞けて勉強ができる、メディアの人として起業家たちからは重宝されるのでコミュニティに入りやすい、という点です。自分の話を聞いてくれて、いいことを書いてくれるメディアはみんな大事にするからです。

また、とある学生で、もともと教師になりたかったけど「もしかして、自分が知っている職業って教師くらいしかないからそう思っているだけでは?」と思い、１００人の社会人と1対1で相談をしまくる、というのをやった人もいます。

当時盛り上がっていた、Clubhouseというサービスを使ったりして、とても著名なビジネスパーソンなどとも話したり、そこから人を紹介してもらったりして、多くの成功している社会人と知り合いになったのですね。

これも、「学生には優しくしたい」という社会人の特性を刺激しつつ「優秀な20代前半の若手や学生とはつながっておきたい」というビジネス的なメリットも相手にあるため、お客さんとしてやり取りができるわけです。

こういう抜け穴、サードドア的なものは無数にあるはずです。もちろん、「真正面から行動をして、そのコミュニティに入るんだ!」という方法もぼくらには常に残されているので、それができる人はそれでいいと思いますが、それ以外の方法もあるんだよ、というのは覚えておいていいかなと思います。

すごい人とつながるサードドアの方法

ちなみにぼくは、大学生のとき、インターネットでサービスを作って大ヒットさせていた、2ちゃんねる創始者のひろゆきさんと知り合いたいなあ、と思っていたので、ライバルサービスの「1ch.tv」というサービスに管理人として関わったり、住所や電話番号をそこで公開したりしていました。

そんなことをしてたある日、ひろゆきさんの友だちが事故に遭って入院したことがありました。そこでひろゆきさんは、その友だちの尿道に管が挿さっているのがおもしろすぎて、どうにかして多くの人に見てもらいたい、と思ったときに、たまたま病院の近くに住んでいて、電話番号をさらしているぼくを見つけて、電話をかけて呼び出したのです。

それがきっかけで、ひろゆきさんと仲良くなりました。

どういう流れだよ！　と思うかもしれないんですが、なんとか相手が連絡しやすい道を複数作っておき、そこでつながれるようにがんばったことにより、道が開けたのです。

また、ぼくは「ほぼ日」の創業者であり、コピーライターとしても、ゲームの『MOTHER』を作った人としても超有名な糸井重里さんに、学生時代から憧れており、どうしてもつながりたかったのです。

そこで、学生時代には、名刺に「糸井重里さんと会うのが目標です」と書いて配ってたりしました。とにかく名刺をばらまくことでつながろうと思ったのです。それは別に効果はなかったのですが、とにかくいろいろ試しました。

最終的には、ほぼ日手帳のイベントかで、糸井さんが直接手売りをする、というときに、お客さんとして行って話をしたりしました。

そこでなんとか「起業したいんです」みたいな話をしたりして……。そこでは単なるお客さんにすぎなかったのですが、10年くらい経って、ほぼ日の会社の人が来るイベントに参加して、そこに、ほぼ日で売っているハラマキを着けていったんです。

そこで、「え、ほぼ日の方なんですか！　ぼく、このハラマキ、めちゃくちゃ使っています！　ほら！」と見せたりして仲良くなり、そこからほぼ日のオフィスに遊びに行かせてもらって、糸井さんと会うことができました。

ちなみに、ほぼ日手帳のイベントの話をしたら、なんと糸井さんが覚えていてくれたんですね。「あのときの子だよね！　覚えてる！」と。それがきっかけで話が弾んだりしました。

さらに先日、糸井重里さんの「ほぼ日の學校」というメディアに出演をして、２時間くらい話して仲良くなったりしました。

そういう感じで、あの手この手で、自分の理想とする人と近づこうとするのはアリな手段だと思います。

自分の理想とする人たちに近づく方法はいろいろあるんですが、もう一つだけ紹介しておきます。

それは、**「その人が今一番してほしいことをする」という方法です。**これが一番おすすめです。たとえば、知り合いたいのが起業家だとしたら、「その起業家の一番ヒットしたサービスを使うことではなく、相手が今一番ヒットさせたいと思っているサービスを使って、一番の顧客になる」ことがいいのです。

なんとかして成功させたいプロジェクトを応援しまくって、一番のお客さんになって、ファンとして応援しまくる……というイメージです。こうすると「応援してくれる貴重なファン」になるので、サービスを提供している会社の人からも認知されたりしますし、つながれたりします。

　これが、有名な作家さんだとしたら「その作家さんの一番のヒット作を好きと言う」のはあまり効果がありません。そんな人はとても多いからです。

　でもその人が、連載を始めたり、新作を出したりしたあとに、一番早く感想を書き、おもしろい！　と周りに言いまくり、ネットで感想を拡散したりレビューを書いたりすると、認知されやすくなります。

　なぜなら、新作は売るのが大変で、かつ売りたいと思っているからですね。実際、ぼくが漫画サービスをやるときには、まずは漫画家さんや編集の人とつながる必要があるので、そういう投稿をＳＮＳでしまくっていました。

　編集の人や作家さんは、ＳＮＳの感想を、ほぼ全件と言っていいほどチェックしたりしているので、そういう人からの認知が上がります。そしてフォローしてもらったり、つながったりできました。

　このあたりはいろいろなパターンがあると思うんですが、真正面から行動しなくても、環境を作る方法を別の角度で考えて実行してみる、というのがいいかなあ、と思います。

つながりたい人の「お客さん」になる

つながりたい人がいたり、入りたいコミュニティがあったりしたとき、その対象がすごく有名な人だったりすると、なかなか難易度が高いです。そんなとき、運の要素も絡むのですが、先ほども言ったとおり、**「つながりたい人のお客さんになってしまう」**のがいいでしょう。それも、その人が「今がんばっていること」のお客さんになるのがおすすめです。

少し前に以下のような記事が話題になっていました。

【ホリエモン、自身に〝タダ〟で会おうとする人々に不快感「15万円払えば会食できるのにさ」】

堀江氏は、自身が手がけるグルメ情報サービス「ＴＥＲＩＹＡＫＩ」で毎月10名限定で会食をするイベントを行っているといい「1人15万円で、おいしい高級鮨を食べるような会食ができるわけよ。俺もちゃんとお仕事として会うのにさ。その15万円を払うのが嫌なんだろうね、そういうヤツってセンスないよ」と、バッサリ切り捨てた。

「だって15万円払った時点でお客さんだから、ちょっとドヤれるわけよ。俺もお客さんだと思うから、ちゃんと話を聞くしね。そのうえで、長い付き合いになった方もいらっしゃるから。

金で解決できるんだったら、楽な話だと思う」と持論を展開していた。

引用元：スポニチ

記事の反応として、「別に会ったからといって何も変わらない」とか、「15万円あるならほかのことに使うべき」といった意見が目立ちました。

もちろん単に会ってみたいとか、話を聞いてみたいくらいであれば、あまり得られるものはないかもしれません。しかし、世の中にはこういった機会をうまく使っている人も多いのです。

まず、「堀江さんに事業についてのプレゼンをして相談をする」みたいな機会を得るのは、普通に仕事をしているだけだとなかなか難易度が高いです。

超有名人なので、そういった依頼は毎日山のようにくるわけで、ＳＮＳでＤＭをしてもおそらく無視されると思います。当然、窓口もありません。

しかし、15万円を払って鮨を一緒に食べるとなると、そこでは「特別なお客さん」になることができます。たとえばそこでの対応が悪くて「あれは最悪だった」という噂が立つと、今後イベントが成り立たなくなってしまうので、そういうことは基本的にやりません。

実際に、堀江さんが主催するそういった場にゲストとして行ったことがあるんですが、当たり前のようにお客さんとして扱われます。

そこは立食パーティーみたいな形式だったんですが、堀江さんがちゃんとウロウロしているし、誰でも話しかけられるようになっています。事業のプレゼンをしたり、相談をしたりしても、ちゃんと答えてくれる状況です。

仮に堀江さんに事業のコンサルをお願いしようとすると、数十万円じゃ利きませんし、そもそもちゃんとしたルートからの紹介でもない限り受けてもらえません。そんなとき、「堀江さんにアドバイスをもらえる」で15万円は、お金の使い道として全然悪くないという印象を受けます。

ちなみにぼくも似たようなことをやっていて、自社で出しているＮＦＴを20個持っている人に対して、１on１を実施するというものです。（〝ＮＦＴ〟が分からない人は検索してみて下さい！）

これはコンサルで儲けたいわけではなく、ＮＦＴを売る実験をやりたいという感じなわけです。

ＮＦＴ20個の価格は、日本円で数万円くらいなんですが、ぼくの場合、普段そんな価格でコンサルを受けたりはしません。１時間で20万円の依頼とかがくることもありますが、断ることのほうが多いです。

今、ＮＦＴを売る実験をしたいというだけなので、「一時的に空いている窓口」なわけです。

それで、実際にやってみると、１時間で価値を発揮しないといけないので、こちらは事前の準備もしますし、めちゃくちゃ集中して取り組みます。

さらに、そのアドバイスをした人が失敗してしまったら嫌なので、その後ＳＮＳのＤＭで「アドバイスどおりにやってみたんですけどどうですか？」とか、追加の質問がきたりすると、対応せざるを得なくなります。

またＳＮＳでも、紹介したりすることになります。ぼくの場合は25万人くらいフォロワーがいるので、1ツイートで30万円とか50万円くらいもらえるＰＲの依頼がよくきて、普段は基本的に断っているのですが、そういったルートだと積極的に応援する動機が生まれるわけです。

ちなみにそういう見方をして、たった数万円のリターンとしては悪くないよねと考えて依頼してくるのはイケてる賢い人が多いので、ぼくもそういう人たちとつながれて得をすることが多いです。

この話を聞いて、ぼくが「自分や堀江さんの宣伝をしている」みたいに捉えてしまうかもしれませんが、そういう話ではなくて、伝えたいのは「相手が今がんばっていることのお客さんになると、恩を売れる」ということです。

著名人や起業家がこういった取り組みをしているときって、「何かプロジェクトを成功させたいから、その周辺としてやっている」ことが多いんです。

そういうときに率先してお客さんになると、相手からも覚えてもらいやすいし、恩を売ることすらできます。なかなか手に入らない「貸し」を作れるので、すごくリターンが大きいわけです。

まとまったお金がなかったとしても、たとえば著名な人が新しいプロジェクトをやったときに積極的にシェアしたり、プロジェクトを応援するブログを書いたり、参加してあげたりするだけでも効果的です。賢い人たちは、そうやってつながりを作ったりしています。

というわけで、ぼくもそういった取り組みをすることが多いので、ポジショントークだと思われてしまうのは百も承知なのですが、やっている側の意見は参考になるかなと思って書きました。

先ほど書いた、大学生の頃に糸井重里さんと会ったエピソードも、当時はまだ糸井さんがほぼ日手帳を手売りしていたような「これからがんばるぞ」という時期だったからこそ、ぼくのことを覚えていてくれたという側面があるかもしれないなと思います。

断られるのが怖い人のための思考法

サードドア的な方法でコミュニティに入る方法を紹介しましたが、ここでお伝えしておかないといけないのは、**自分の理想のキャラになるために、適した環境に入ろうと思っても、だいたいうまくいかない**ということです。

サードドア的なアプローチをしたら、入りやすくはなりますが、それでも基本的には断られるものと思ってください。「どうしてもこのコミュニティに入りたい」と思って必死になってアタックしたけどダメだった、ということは普通なんです。

ここで諦めてしまうのはとてももったいないんですが、心が折れてしまう気持ちもよくわかります。なので、ここでちょっと「何度も断られるときに、どう考えればいいか」をお伝えしようと思います。

一言で言うと**「個別ではなくて、確率論だけで考えるような状態にする」**ことです。

まず、大前提として、「一人の人をターゲットにする」のは間違っています。孫正義さんみたいになりたい、だから孫さんがいるコミュニティに入ろう、と思っても、当然難易度が高いんですね。

無理ではないかもしれませんが、これにはタイミングや運も大きく左右します。

就職活動などで、採用試験を受けるときも同じです。会社によっては、今年は３００人採用するけど、来年は50人しか採用しない、とかはよくあります。当然、人数が多いほうが入りやすいわけですが、これはもう自分のスキルや能力ではなくて、運ですよね。

なので、一つや2つ断られたときに、「自分はやっぱりダメなんだ」と思わないほうがいいと思っています。それが自分の実力なのか、運なのか、数件程度じゃわからないからです。

なので、自分の理想のコミュニティに入るには、１００件くらいに挑戦するほうがいいんです。１００件挑戦したら、70件は全然ダメで、30件は返信をくれて、10件は会ってくれて、１件、コミュニティに入れるかもしれません。

営業だろうと、就活だろうと、恋愛だろうと、「これ以外考えられない」という気持ちでアタックしても、相手の都合などで断られることはよくあります。一つに絞ってしまうと断られたときに傷ついてしまいます。

しかし、１００件アタックすると、「１００件アタックすれば、だいたい１〜２件は成功するな」みたいな確率論で考えることができるようになります。

ということで、「断られる可能性が高いものなのに、数件しかアタックしないと断られたときに心理的なダメージを負うから、そういうときは、確率論だけで考えるほうがいいので、たくさんアタックしよう」みたいに覚えておくといいと思います。

コミュニティに入りやすくするテクニック

確率を少しでも上げるために、コミュニティに入りやすくするテクニックをもう一つ紹介します。

それは、

・相手が求めている点において
・自分のほうが有利な状態のものをぶつける

という方法です。

コミュニティに入りたいと思ったときに「勉強させてください！」みたいな低姿勢で臨んでも、なかなか入りづらいんです。というのも、魅力的な人やコミュニティには、たくさんの人が入りたいと思っているので、大勢の中の一人になってしまうんですね。

魅力的な会社には「ただでもいいんで働かせてください！」という人がよく来たりします。これは最悪です。何も知らない人を教育するにはものすごいコストがかかりますが、それが、お金ももらわない無責任な状態で入ってきたら、目も当てられません。「ラッキー、無料の労働力だ」とすら思ってもらえないんです。

なので、コミュニティに入るには、力関係的に自分が上になる状態を作るのがおすすめです。

「いや、自分はそんなにすごくないんで、上になんかなれません！」と思うかもしれませんが、そうでもないんです。

たとえば、相手が40代のビジネスパーソンで、自分が学生だとしたら、それだけで有利です。40代になると、学生の持っている若い感覚などを知りたかったりしますし、若い人と対等に付き合えている、というのが自分にとっても嬉しいことだったりするので、有利なんですね。

若さという点で、相手よりも上の立場に行けるので、価値を提供しやすいということです。逆に、相手が24歳で、新卒2年目の社会人とかだと、学生である、ということはなかなか価値が出せなかったりもします。

就職活動で、アルバイトのリーダーをやっていました、サークルのリーダーをやっていました、みたいなアピールをする人が多いですが、これは実はあまり刺さりません。みんな同じようなことを言いますし、ぶっちゃけ社会人からしてみると、学生時代のリーダーシップ経験は、自分がやっている仕事上のリーダーシップからしてみると、それよりも低いものだと思ってしまうからです。

なので、むしろ「Web3のプロジェクトに関わっていました。ＤＡＯというものなんですが、非中央集権のプロジェクトで、トークンをインセンティブにして世界中の人と働いています」などと言ったほうが、相手よりも優位に立てます。相手は「あ、やばい、最新の技術だ。知っておかないと」となるからです。

日本企業で、お金を払っての労働形態しか経験していない人にとって、そういう世界は新しいものなので、その点において、面接官よりも学生のほうが上位に立つことができます。

このあたりは、むしろ**「相手より有利になるためにはどこを狙うといいか」から逆算してしまってもいいと思います。**

新しい環境で意識したい「クイックウィン」

その理想のコミュニティに入れたときに、うまく周りを味方につけるテクニックもあわせて紹介しておきます。

とある老舗《しにせ》企業を若くして引き継いだ友人がいます。ものすごいエリートで優秀なんですが、会社に行くと、みんなその人より年上になります。

そうすると、当然「経験も実績もない跡継ぎが来た」という印象になります。ネガティブな人ばかりではないですが、「何もわかっていない坊っちゃんが間違ったことをしたら指摘してやろう」と思っている人はたくさんいるわけです。

想像してみると、とても大変そうです。「若いエリートだから、ＩＴ化とか、デジタル化とかするんだろうけど、思いつきで仕事をいじられちゃたまらん」と思っている人も多いわけですが、一方で、時代に合わせた社内改革もしないといけない。

しかし、その社長は、数年で、とてつもなく会社を進化させて、業界にものすごいインパクトを与えました。「すごく大変そうに見えるんですが、どうやったんですか？」と聞いたときの答えが「クイックウィンを狙う」だったんです。

クイックウィンとは何かと言うと、**「最初は絶対に勝てるところで勝っておく」**という意味です。詳しく説明します。

就任からの最初の1ヶ月は、みんな身構えます。「この人はどんなことをやるんだろうか」と思います。このときに「大胆に改革するぞ！　まずは全プロセスをＩＴ化する！」などと大改革してしまうと、社内の反発をものすごく受けます。

なので、そのときには、簡単にできる改革だけをするらしいんですね。たとえば、「社員全員が、あいさつを必ずするようにする」「毎日、掃除をするようにする」というのを徹底的にやったらしいのです。

それを１ヶ月続けると、「彼が来てから社内が明るくなった」とか「社内が清潔になって働きやすい」と言われるようになったんです。これは、難易度の割に、誰しも実感できるいい効果があったんですね。

つまり、絶対に勝てるところでだけ勝ったんです。

そうすると、「彼の言うことだったら聞いてみよう」という人が、ちょっとずつ増えてきます。すでに成果が出ているからです。

これは、新しい環境に行ったときにも活用できる考え方です。たとえば、転職をしたときなどには、「前職までの経験を活かして、組織を大改革する！」などと言っては反発されてしまうかもしれませんが、まずは「解決しやすい小さな課題を、うまく解決する」というのを確実にしておくと、あとが楽になります。

たとえば、ほかの社員が困っているちょっとしたことを、うまくすくい取って楽にしてあげたり、ちょっとした作業を簡単にしてあげたり、などに集中するのです。面倒そうな飲み会の幹事などをやったりと、とにかく「やれば確実に成果が上がって喜ばれること」をやっておくのです。あの人が来たおかげで、いろいろ助かっているよね、と言われるようなことをします。

そのように「小さいことを、誰よりもうまくやる」ことで実績と信頼を積み、仲間を増やします。小さな勝ちをいくつか積み上げて信頼が集まってから、より大きなことをするようにすると、新しい環境に馴染みやすくなるので、参考にしてみてください。

応援してくれる人を増やす

あと一つ、環境において大切なのは「応援してくれる人を増やす」ということです。人は応援されないとなかなかがんばり続けられません。

リアルの環境を変えるのは大事ですが、それも限界があります。

前提として、応援してくれる人を探そうと考えると、みんな親しい人や、近くの人に応援してもらおうとするのですが、これは難易度が高い手法です。

というのも、あなたの昔の姿を知ってしまっていたり、深く知りすぎていたりする人は、あなたがいきなりキャラを変えて、やりたいことをやろうとしていると、びっくりしてしまうんですね。その上で「おい、どうしたんだよ、変な本でも読んで影響されちゃったのか？」みたいなことを言いたくなります。

人間は現状維持を望む傾向があるので、急に親しい人や友達が変わってしまうと不安に思うからです。変わらないでくれよ、と思ってしまうんですね。なので、「近い人ほど応援してくれる」というのは幻想で、むしろ、**遠い人や、知らない人などから新しく応援してくれる人を探すほうがいいのではないかと思います。**

　というわけで、今、一番よい方法は、やはりSNSを活用することです。SNSを使うことで、あなたの周りにはいない人たちともつながることができますし、そもそも人数が多いので、自分とマッチする人を探すことも容易です。

　たしかに、SNSでフォロワーを一気に増やして、インフルエンサーみたいになれる、影響力を作れる、という人は正直稀だと思います。しかし、この方法を使えば、少しだけ成功率が上がる、というのがあるので、それを書きます。

　まあ、これでフォロワーが少しでも増えて、応援してくれる人が増えれば……くらいに捉えておくといいかなと思っています。

　ではさっそく紹介します。

SNSでのファンの増やし方

　SNSにはいろいろなサービスがありますが、まずはテキストが基本になるX（Twitter）がやりやすいと思うので、X（Twitter）を前提として説明します。

　基本方針として、まず、SNSでの情報発信を3つに分けます。

1．Information（情報）

2．Opinion（意見）
3．Diary（日記）

この3つです。

1のInformation（情報）とは、ニュースや、みんなが知らなかった新しいもの。内容そのものに価値があり、誰が言っているかなどはあまり関係ないものです。

2のOpinion（意見）とは、何かの事象について、自分の意見を述べるツイートです。「この作品がおもしろかった」みたいな感想もそうですし、「××政権のここが問題だ！」というのもOpinion（意見）ですね。

3のDiary（日記）とは、「今日はラーメンを食べたよ」「眠いよ！」みたいな、自分の日常の共有です。

結論から言うと、ＳＮＳを使って発信するなら、1→2→3の順で発信していくといいんじゃないか、と思っています。

イメージとして、フォロワー1万人くらいまではInformationをがんばり、次にOpinion

を展開していき、フォロワー10万人くらいから、Diaryを入れていくといいんじゃないかと思います。

なぜこの順番か、というのは単純に**「知らない人の意見や日記は、誰も読まない」**ということに尽きます。

インターネットにはそういうものが大量に存在しているので、ここで差をつけるのはほぼ無理です。みなさんも、全然知らない人の意見や日記はそんなに読まないですよね。

それにもかかわらず、みんなめちゃくちゃ「自分の意見を聞いてほしい！」とか「自分の日記を読んでもらいたい！」という欲があります。需要と供給がすごくズレているんです。特に、この本を読んでテンションが上がっている人は、「自分はこういうキャラだよ！」とか「こういう物語を歩んでいるよ！」とか言いたくなっちゃうかもしれませんが、正直な話、そういったニーズはありません。

「自分の意見を発信すれば、自分と意見が合う人に見つけてもらえるのでは？」と思う人もいるかと思います。

これはなくはないんですが「自分の意見と合う人を探している人」というのは、「自分の意見と合う人を探したい」というタイプの人ですよね。そういう人は、意見が合わなくなると離れていったりするので、初期からここを狙うのは非効率だと思います。

また例外として「ものすごく過激な意見や、誰かの気分を害するOpinion（意見）を言って炎上させる」という手もあります。これはぼくの観測範囲だと、９割以上が無視されていますが、もし誰かに見つかって燃やしてもらえれば、有名にはなれるかもしれません。

ただ、これは賢い方法でもなんでもありません。その影響力をキープするためには、過激な意見を言い続けたり、一方的な見方をキープしたりしないといけません。そのため、意見が先鋭化していってしまう危険性があります。そして、変な投稿をして叩かれまくったりします。

こういった投稿をしている人はみんな「自分はそこを狙ってやっている。自分は冷静だ。あえて議論を起こすために投稿してるんだ」という顔をしたがるんですが、だいたいの場合、その時点で壊れている人が多いです。結局そういうアカウントは長持ちしないんですよね。そういう人を何人も見てきたので、おすすめしません。

ということで、最初はInformation（情報）の発信に特化するのがいいと思います。

どういう情報を発信する？

じゃあどういう情報を発信したらいいのか？　ということなんですが、１８８ページの図の優先順位をもとに発信するといいと思います。

一番いいのは①の「みんなが知りたくて、みんなが知らないもの」です。当たり前ですね。

次に**②の「みんなが知りたくて、みんなが知っているもの」です。実はここがポイント。**というのも、多くの人が「みんなが知らない情報のほうが価値がある！」と思って発信しがちなんですが……。

そうでもないのです。

「みんなが興味がなくて、みんなが知らない情報」というと「私のお父さんはスタバでいつも一番大きいサイズを頼む割に残す」みたいなものも入っちゃうんです。そんなこと、知ってもどうしようもないですよね。それよりは、すでに知っていたとしても興味がある「Appleの新型iPhoneがすごい」などのほうが目を引きます。

このことは、意識しておくといいと思います。

それでは具体的にどういう情報を出せばいいのか、というところなんですが、いくつか例を出しておきます。

・「最新の情報」……ニュース、即時性があるもの。難易度は低いが、競合も多く、速度勝負になりがち。

・「違う言語でしかネット上にない情報」……英語、中国語からの情報のものなど。語学スキルがいるのでニーズが高い。語学ができるとコスパがいい。

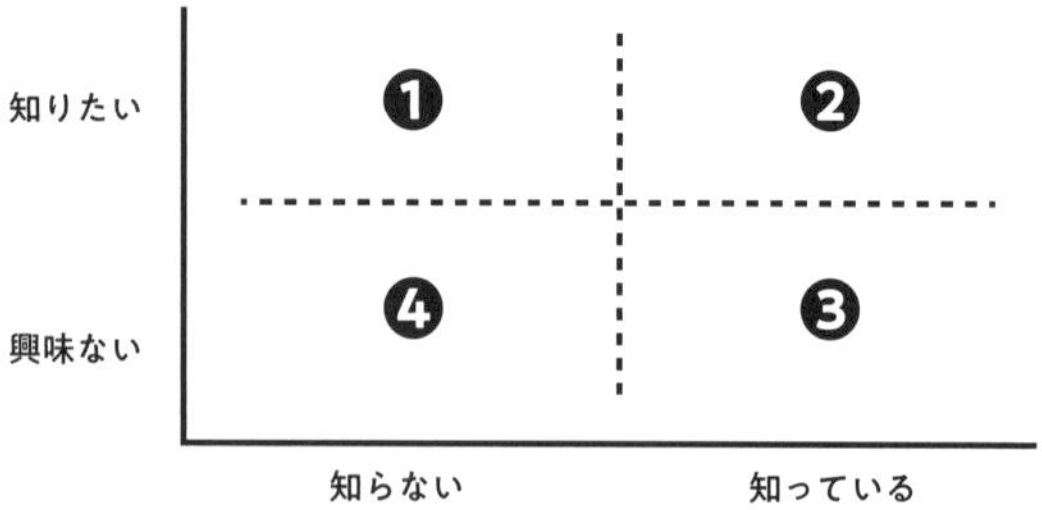

・「現場感のある情報」……足を使ったもの。ex）『進撃の巨人』展に実際に行ったときのレポ

・「複雑性が高いものをわかりやすく解説」……みんなが知りたいけど、複雑で理解ができていないものをシンプルにわかりやすくする。

とにかく自分に合った、自分が発信できる、さらにインターネット上にあまりない有益な情報を、積極的に発信していくといいと思います。

ちなみにテーマは統一したほうがいいです。中国のテック情報と、柴犬の情報と、樹木の防虫情報などがいっぺんにくると、フォローしづらくなるので。

大事なのは、「どういう投稿をしたか?」という企画やアイデアよりも、「どういう投稿がいいのか?」という仮説を立てて、それを実行したあとにデータを見ながら「何がよかったのか?」のチェックをすることです。

自分でツイート投稿のカテゴリを作って、スプレッドシートなどで管理をする。それをやり続けて精度を上げていくと、それは自分の血肉になっていきます。

フォロワー数が1万を超えたら

Information（情報）を発信することでフォロワー数が１万を超えたあとの行動も書いておきます。１万を超えるとかなり楽な戦いになるので、ここではさらりと説明します。

簡単に言うと「Opinion」をちょっとずつ混ぜこむといいと思います。

というのも「Information」を発信しているだけだと、単なるニュースアカウントみたいになってしまうので、印象に残らないんです。そこで、キャラを出していくために、Informationの投稿に関して少しずつ「これはこうですね」みたいな独自の意見を入れていく。すると、個性が出てきます。

10万フォロワーくらいまでいったら今度はDiary（日記）を出していきます。

InformationやOpinionでなくても「ラーメン食べた」という投稿だけで１００いいねくらいもらえるようになると、めちゃくちゃ強いんですよね。ちなみに、有名な芸能人クラスになると、「おはよう」と書くだけで１０００いいねくらいがついたりします。こうなると、もう何をやっても反応がある状態になります。

最終的には「この人が好き」と思ってもらえるところを目指すと、アカウントとしては強くなります。そういう展開にしていきましょう。

SNSのプロフィールをどうするか

ＳＮＳのプロフィールも重要です。プロフィールもフェーズに合わせて変えていくといいでしょう。

Information のときは「どういう情報を出すのか？」というところに特化して、Diary までいったらパーソナルなところまでアピールする……、というように、順番に変えていくといいと思います。

もちろん、ただプロフィールを変えるだけではなく、それがよかったかどうかを判断する必要があります。

主に「ツイートインプレッション→プロフィール」のアクセス率を見つつ、「プロフィールにアクセスした人が新しいフォロワーになったか？」を確認します。その確率を上げていくといいと思います。

X（Twitter）の細かいテクニック

大きくはこのような流れですが「細かいテクニックも知りたい」という人もいると思うので、軽く触れておきます。

①いいねをしよう！

まず、自分について言及してくれた人にはいいねをしまくりましょう。スパムのようにする必要はありません。自分への言及、レスをしてくれた人には必ず反応をする、というだけです。できればたまにコメントもするといいと思います。

②煽りや批判は無視

煽りや批判もきますが、まあほとんどの場合、無視していいです。それら自体には、メリットもデメリットもあまりありません。ただ、それらに反応することはデメリットが大きいケースがあります。ですので慣れるまでは、自然災害のようなものだと思っていたほうがいいです。

③人の批判などはしない

人の批判は、有名人だろうと政治家だろうと、しないほうがいいと思います。正義感で書きたくなったときほど、注意したほうがいいです。

というわけで、発信についてまとめてみました。方法はこれだけではないですが、一つのやり方として参考にしてみてください。

環境が人を作るという言葉どおり、自分をどんな環境に置くかでキャラが変わり、行動も変わります。

真正面から自分の行きたい環境に行けることは稀なので、サードドア的な手法を使って、自分のキャラがいきいき動き出す舞台に飛び込んでみてください。

さらに応援してくれる人を増やすということも大切です。人は、周りから反応がないと、なかなかがんばり続けられない生き物です。

自分のことを発信しながら仲間を増やす。自分のキャラが動き出す環境を作っていきましょう。

ステップ4のまとめ

ステップ4では、キャラが活きる環境を見つけて、そこに入ることで、キャラを強めていき、自分自身を変えよう、みたいな話をしました。

なりたい状態の人がいるコミュニティに入ってしまえば、自然と自分もそういう人になれたりします。

この本では、いろいろな思考法からやり方を書いていますが、100%できる人はほぼいないと思うので、「環境を変えるという劇的な方法もあるんだな」「できる範囲でやってみようかな」くらいに捉えてもらえるといいんじゃないかなと思います。

ステップ5

＼ LEVEL UP ／

物語を転がそう

さて、ここまできたら、あとはそのキャラで物語を進めていくだけです。

小説や漫画などの物語では、「主人公がいろいろな挑戦をして、失敗したり成功したりしながら、成長していく」のが王道です。

それと同じように**「物語的に自分の人生を客観視してみて、読者目線でおもしろいと思えるように生きていく」**というやり方がおすすめです。

どうしてこれが大事かというと、基本的に人間はほとんど挑戦しないんです。守りに入る生き物なんですね。

新しいことに挑戦するのは誰だって怖いです。リスクがあったらなおさらです。なので、みんな、いろいろ自分に言い訳をして、挑戦しないわけです。

それを乗り越えるためには、**自分を客観視して「物語だったらどうなると盛り上がるか？」と考えるのが有効です。**そうすると、人生で挑戦する回数が増えて、チャンスが増えていきます。

これをぼくは「物語を転がす」と表現しています。平坦な物語はつまらないわけなので、フィクションでは物語を転がしていくわけです。

というわけで、ステップ5では、物語を転がす方法を紹介します。まずは、物語を転がすために目標を決めるところからです。

やりたいことがなくても目標は設定できる？

「いやいや、やりたいこととかがないから、目標が決められないんでしょ！」と怒る人もいるかもしれません。しかし、ここでいう目標はそんな大げさなものではないんです。

人間は目標を設定することにより、効率的に動くことができます。なので、みんな「目標を立てよう！」というわけですが、やりたいことがない人にとっては、目標を決めること自体が苦痛です。

なので、この本では、目標を決めるよりも先に、まずは自分の理想のキャラを決める、ということをしました。

想像してもらうとわかると思うんですが、山登りで大事なことは「山登りが楽しいか」のほうであり、山のゴールはそこまで重要ではないんです。特に人生においては「ゴールには到達したけど、そこまでの道のりは最悪でした」となってしまっては、本末転倒です。人生では幸せなほうが重要であり、ゴールはそこまで大事ではありません。

ぼくは、「物語は転がっていればおもしろい」という考えを持つことをおすすめしています。どこに到達したか、どのゴールを目指しているかよりも、「プロセスが充実しているほうがいいよね」という考えです。

しかし、登るべき山がないと、山を登れないのも事実です。つまり、なんらかの目標があったほうが行動しやすいんですね。

そこで、「物語思考」では「やりたいことがないと作れない遠くのゴールを設定するのではなく、短期的なゴールを細かく設定する」ことで、目標のメリットをうまく活用しようと思います。

やりたいことがない、特に人生に目標がないという人でも「まあ、３ヶ月後に、ちょっと英語が読めるといいな」くらいなら設定しやすいと思います。

この期間だと３ヶ月経ってから「やっぱり英語よりもプログラミングをやるべきだった」と気づいても、さほど無駄になりません。「自分のやりたいことはなんだろうか」などと重く考えて動けなくなる、というリスクを回避することができます。

このような短期の目標を設定するために、まずは、自分が作ったキャラがどんな状況になっていてほしいか。その「名場面」をイメージすることから始めます。これは物語が盛り上がるシーンみたいなイメージですね。「目標」というと最終ゴールっぽくみえてしまうので、名場面くらいの言葉にしてみました。

人生における「名場面」の設定方法

「名場面」を作るルールとしては、

①定性的なものにする
②ワクワクする形で書く
③自分が記憶しやすく、スラスラ言えるくらいのものにする

という感じです。

①の定性的なものにする、というのは「数字ではない目標にしよう」ということです。たとえば「本を30冊読む」とかは定量的なので、適していないということです。

②ですが、「名場面」を思い出すたびに、ワクワクするようなものになっている、というのが理想的です。思い出すたびに暗い気持ちや義務感に駆られるような目標は、ワークしません。ワクワクして、行動したくなるようなものにするのが基本です。

③ですが、これも「あれ？　どんなシーンだっけな？」と忘れるようなものでは、すぐに使わなくなってしまいます。工夫して、覚えやすいものにしましょう。

「行動計画」を立てよう

こうして、「名場面」がイメージできたら次に「行動計画」を立てます。

そして、大事なことですが、目標はとにかく細かくしたほうがいいのです。

人間には、現状維持したいという性質があるらしいのです。つまり、新しい習慣や目標を立てても、身体や心は「嫌だーっ！」となっているわけですね。なので、なかなか実現しないんです。新しい習慣が身につかないのはあなたの意志が弱いわけでも、怠惰なわけでもなく、全員がそうなので、安心してください。

「どうやるか」をどう決めるか？

たとえば、今回は、「社内の新規事業コンテストに出て優勝する！」というシーンを名場面として設定したとします。

しかし、これだけだと行動計画が全くわかりません。「目標は立てたけど、何をしたらいいのかわからない」という状態にすぐに陥ってしまいます。

　そこで、「どうやるか」を決めます。「どうやるか」を、どう決めるのか？　のコツとしては「戦略」「作戦」「戦術」の３つにわけることです。

　いきなり難しい感じになりましたが、会社の経営などで使うならともかく、人生においては、ざっくりと雰囲気で作って大丈夫です。簡単に説明します。

　まず、戦略は「こういう方向性で戦うぞ」を決めるものです。

　その方向性の決め方は、「一番効果が高いところに、集中してリソースを突っ込んで、大きな成果を出す」みたいなのが良いとされています。てこの原理みたいな感じに、「ここだ！」というところに全集中することで、一番成果を出す感じです。

　作戦は、「戦略を具体的な行動にするとしたら」という感じです。一般的にいわれる計画やスケジュール、リソースの配分などはここです。

　そして戦術は、作戦に基づいて実行される具体的なタスクや行動のことです。

　今回でいうと、「新規事業コンテストに出て優勝する！」という名場面に辿り着くためには、

　戦略……経営陣が一番課題に思っている分野に対して、一番リターンが大きそうな事業を考えて資料を提出する。

　作戦……資料提出３ヶ月前に、徹底的に経営陣の考えや気になっていることを調査し、方向性を決定する。その間に、新規事業の立て方から資料の作り方までをインプットする。資料提出２ヶ月前で資料を作る。資料提出１ヶ月前で、経営陣と近い先輩にも資料をチェックしても

らって、フィードバックをもらい修正して提出する。

戦術……「経営陣が社内や取材で何を言っているかをチェックする」「新規事業開発の本を5冊読む」（ここには、具体的なタスクがたくさん入ります）

というイメージです。

よくあるのが「戦術」ばっかり考えてしまうことです。たとえば、全然業種が違う会社なのに「新規事業をやるからには、新規事業がうまい会社の事業を研究しよう！　だからGoogleの新規事業を全部チェックするぞ！」などと、戦略なくいきなりタスクをやってしまうと、全然的外れだったりするのです。

「一番効果がありそうなところを決めて、方向性を戦略として定める」みたいな作業をして、細かなタスクに落とし込んでいくのが大事です。

戦略の作り方などは、経営の本などによく出てきますが、まあそこまできちんと作る必要はないです。大事なのは「こっちの方向性でアクションすれば成功率が高そうだな」というものを見つけ、ざっくりと計画やスケジュールを作った上で、個々のタスクを作る、ということです。

多くの人が、つい個々のタスクから考えるというミスをしてしまいがちです。下手でもいいので、戦略から立ててみる、というステップが入るのが大事なので、やってみてください。

行動を小分けにしよう

このように、戦略、作戦、戦術にわけて考えることで「どうやるか」が決まったら、いよいよ行動に移りますが……。

躓くとしたらみんなここなんです。「計画は立てたけどやらなかった」みたいなことはみなさんよくあると思うんですが、だいたいにおいて、第一歩目が難しいんですね。

なので、タスクをひたすらに小分けにします。

今回だと、たとえば「新規事業の立て方」について調べることになりますが、いきなり「本を1冊読み込む」みたいにすると、ハードルが高く感じてしまいますよね。これだと実行しづらい感じがします。

なので、「本を買う」くらいのステップにするなど、なるべく最初はハードルを下げたタスクにしましょう。本を読むのは大変でも、買うのはそこまで大変じゃないからです。

それすら億劫な人は、もっと簡単なタスクを一歩目に設定してもいいかもしれません。ものすごく極端に書くと、

・スマートフォンを手に持つ
・画面のロックを解除する
・ブラウザで「新規事業　立て方　本」と検索する

・出てきたサイトを見る
・レビューを読む
・よさそうな本があったらAmazonで買う

くらいまで小分けにしていいです。

人は新しいことをするときは本当に一歩目が大変なので、出来る限り一歩目を簡単にするというのは、バカにできない効果があります。

そして、人間、不思議なことに、タスクの大きさに関わらず、タスクリストが消化されていると達成感を覚えるものです。単に本を買っているだけなのに、進んでいる感じが得られるので、その意味でも小分けにするのはメリットが大きいです。

次に、本が届いたら「本の1章だけを読む」「1日1分でいいから読む」といったように、これまた小分けにして、簡単なタスクを作って実行しましょう。もちろん、極端な話「本のページを開く」だけでもいいです。

なぜここまでやるのかというと……。「やる気は、実行しないと出ない」ものだからです。やる気があるから行動する、と思いがちですが、やる気は、行動しないと出ないんですね。掃除をする前は嫌だったけど、はじめてしまえば、意外と長く掃除できた、という経験がある方もいると思います。人間は、行動する前には、なかなかやる気は出ないんです。

じゃあやる気を出すにはどうしたらいいのか、というと「なるべく小さい一歩目を踏み出して、行動してしまう」というのがいいわけです。行動していれば、自然とやる気が出てくるわけなので、とにかく最初の一歩を踏み出す。

これらを実行するコツは「5秒あれば始められるようにしておく」ことです。たとえば、本を読むのだったら、一番手の届きやすい机とかに置いておいて、やろうと思ったら5秒以内に開始できるようにしておくことです。これだけでだいぶハードルが下がります。

逆に、禁煙したい、とかダイエットしたい、は時間がかかるようにしておくとやりやすいです。タバコを家の奥底にしまっておいて、出すのに5分かかるようになっていれば、面倒で諦めたりするということです。

このようにすれば、とりあえず、「名場面に向けて行動する」というところまではできることになります。覚えておいてほしいのは、物語を転がす上では最初の一歩がすごく大変、ということです。逆にいうと、「どんな名場面に向かっているか」と、「どうやるか」がざっくり決まってさえいれば、最初の一歩を踏み出しただけで、そのあとはかなり楽になります。

最初の一歩をとにかくベイビーステップにして、踏み出せるように意識してみてください。

物語を転がすためのコツ5選

物語を転がすために、ワクワクする名場面を思い浮かべ、手頃な目標を作る方法について紹介しましたが、結局のところ「怖くて行動できない」という問題が解決したわけではありません。

新しいことをやるのは怖い、おっくうだという気持ちはそう簡単には消えません。

これを解決する万能薬は存在しないんですが、それでも「恐怖や不安を少しでも減らしてハードルを下げる」ための思考法や、その他の方法はいくつかあります。それらについて、紹介します。

1：不安なことはすべて紙に書き出してみる

1つ目におすすめしたいのは、「ジャーナリング」という方法です。

毎日、できれば朝などに、自分が思っていることをそのまま書いてみる、というものです。だいたいA4で3ページ、15分くらいが目安でしょうか。

頭の中にある情報や考えをそのまま外に出す、というのは実はみんなあまりやっていません。会話や飲み屋での愚痴で吐き出しているつもりでも、相手を見て、調整していたりするので、それなりに加工されているわけです。

しかし、自分で、自分しか見ないノートとかに考えを書くと、それは考えている思考そのままになります。不思議なことに、毎日、3ページも書くと、脳が空っぽになります。あまり書くことがなくなるんですね。

　そして一度、書いてしまうと、頭の中で思考がぐるぐる回らないんです。今考えていることとかが客観視できてしまいます。たとえば、「告白しようと思っているけど、怖い」みたいなことを書くと、

「あの人に告白したいと思っているけど、告白するのは怖い。ふられたらどうしよう。ふられたあとにも会ったり話したりするけど、そのときに気まずい感じになっても嫌だし。友だちのままでも楽しいから、そのままでもいいかなと思いつつ、もしも近い未来に、ほかの人が告白して成功してあの人に恋人ができたら、と思うと、それはすごい悲しい思いをしそう。やっぱり後悔したくないから告白したほうがいいのか。もし告白するとしたら、どこがいいのか。でもあまりにデートに誘っている感があると、それはそれで告白しそうだという感じが伝わってしまわないか。とにかく告白するかしないかが決まらないとその先には進めなさそう。でも告白する勇気が出ない」


　みたいにダラダラ書くことになります。

　書く前は、頭の中にずーっと残り続けてた情報が、いざ目の前に出てくると、人は客観視ができるようになります。他人事のように見えるんですね。

　そしてこれを見て「いや、早く告白すればいいじゃん。告白してダメでも、また次の恋が見つかるかもしれないのに、ずっと行動しなかったら何も進まないじゃん」みたいに思えたら、

勝ちです。

自分の思っていることを紙に書いてしまうだけで、客観視できるだけでなく、思考のループに陥っているのを解除できたりします。

人間は自分の頭の中で思考をループし続けたりしちゃうんですが、そうすると、めちゃくちゃ「自分ごと化」度が上がるんですね。ものすごい大事なことのように感じてしまいます。しかし、いざ紙に書いてしまうと、思考のループから外に出るので、頭がスッキリします。

ちなみに、パソコンやスマホで書いてもいいじゃん、と思う方もいると思いますが、ぼくの場合は、なぜか紙じゃないと効果が薄かったので、そのやり方を紹介しました。

デジタルだと作業自体が早すぎるのか、思考をアウトプットしている感がなくなってしまうのかもしれません。

2：尊敬する人にメールで相談をするふりをしてみる

これと似たテクニックで「誰かにメールで相談する（でも送信しない）」というのもあります。誰でも良いのですが、出来れば目上の恩師や尊敬する人に対して、細かく状況を説明して、助けを乞うんです。

そうすると、客観的に、かつわかりやすく書かないといけないので、丁寧にアウトプットするんですね。そして、それを自分で送信する前に読んでみると……。「あれ、こんな簡単なことで悩んでいたっけ」みたいなことがわかったりします。

1の「ジャーナリング」も2の「尊敬する人にメールを書いてみる」も、思考を一度脳から外に、文章として出してみて、その文章を見ながら客観視する方法です。物語を転がしやすいんです。

そして、ここで、本書で作ったキャラと照らし合わせるとなお効果的です。

たとえば、先ほどの告白の例で言うと、自分のキャラが「挑戦をし続ける人」だったら「とにかく失敗を恐れずに告白しちゃおう！」となりますし、「相手を常に思いやる優しいキャラ」だとしたら「自分が告白したいからする、という話ばかり書いているけど、告白された相手の気持ちとかを考えないと」となるかもしれません。

もちろんそのキャラに応じた行動がすぐできるようになるわけではないですが、一歩でも先に進めばいいのです。「自分というキャラだったら、恐れずに告白するはずだよな……」と思うだけでも、行動に近づいているわけです。その時点で、相当前進している、と思ってよいです。

3：アイデアを温めない

「物語が転がっていかない」人の特徴の一つとして、今自分が考えているアイデアを大切にしすぎて、動けないというものがあります。

何か物語を転がそうと思うときは、なんらかのアイデアがあるわけです。それは「こういう事業を作ろう！」みたいなのもそうですし「英会話学校に行って英語を勉強しよう」もアイデアの一つです。

しかし、アイデアを自分の中で温め続けていると、それをやりたくなくなっちゃうんです。なぜなら、やってみて失敗したらそのアイデアがダメだったということになるからです。なので、みんなアイデアを自分の中に持っていながら、行動しなくなるんですね。

そして、だいたいのケースにおいて、自分の持っているアイデアはたいしたものではありません。たとえば、事業プランの話で「ずっと温めているアイデアがあるんですよ」と言われることがあります。

しかし、聞いてみるとぜんぜんたいしたことがなかったりするんです。「それ、すでにありますよ」というものだったり「ここがこうだから成功しないと思いますよ」みたいなものだったりします。

もっと言うと、そもそもだいたいの場合、アイデア自体にはほとんど価値がなくて、実行力が大事なんです。ＬＩＮＥみたいなメッセンジャーサービスがくるだろうということは、２０１０年前後のインターネットベンチャーでは、多くの人が気づいていました。みんなＬＩＮＥのようなものを作ろうとしていたけど、成功したのはＬＩＮＥだけです。

つまり、アイデアにはほとんど価値がなくて、正しく実行しないと意味がない。そして正しく実行したとしても、99％は成功しないものなのです。

物語を転がすために行動をする、というのができない人は、いいアイデアが思い浮かぶと、それを大事にしちゃうんです。愛しすぎちゃうと言うか。しかし、実際に行動に移せる人は、大量にアイデアを持ち、実行するものもあれば、すぐ捨てたりもします。

大量にアイデアが出る人は、一つひとつのアイデアにそんなに固執しないのです。このパターンに持っていくために、アイデアを温めないというのが大事です。

余談ですが、広告代理店の人に聞いた、会社の研修でおもしろかったのが「新卒は企画書を毎日、全力で大量に書かされる」というものです。それで1日の最後に、企画書を積み上げた高さを定規で測られて、その「高さ」が評価される。企画書の「中身」は見られないんです。

ぼくはこれ、すばらしい研修だと思っています。そもそも新卒が考えるアイデアなんて99％がゴミなはずです。だからむしろ「全力でおもしろいと思うものを、どのくらいの量作れるか」で実力を測ったほうが正しいのではないかな、と。

１日に30個企画を作って、５日で１５０個、１ヶ月で９００個です。それくらいあると、中にはおもしろい、使えるものがあったりします。ということで、一つのアイデアを大事にすることはほとんどの場合、意味がないんです。

何かの本で読んだ記憶があるんですが、美大の生徒を「一つだけいい作品を作ってくれ」と指示されるグループと「クオリティは問わないからとにかくたくさん作ってくれ」と指示されるグループの２つに分けて、できた作品を売ったらどうなるかみたいな実験をしたそうです。すると結果としては「たくさん作ったグループのほうが高く売れた」らしいのです。「量質転化」と言ったりしますが、量は質を凌駕《りょうが》する、というやつですね。なので、**いいアイデアを一つだけ作るよりも、大量に試したほうがよさそうです。**

これは、初心者のうちはなおさらです。「初心者なのに、最初からクオリティを上げようとしてしまう」という失敗は本当によくあります。

初心者のうちから細かいクオリティに悩んでいると動きが本当に遅くなるし、これから取り組むというときにそんなことを気にするのは、コストが高すぎます。

たとえば、漫画家さんとかの話を聞いていると、漫画家になれないタイプの人ほど「もっとうまくなってから漫画を描きます」と言うらしいんです。

また、漫画を描くと決めたとしても、最後まで描き終えられる人はほとんどいないそうです。下手でもいいからとりあえず完成させることが大事なんですが、それができないという人が多いんだとか。

これは、多くの人が、「最初から完璧なものを出そうと思っているから」起こってしまうことだと思います。なぜなら、自分をよく見せたいという気持ちが人間にはあるからです。

当然のように自分は優秀だと思われたいし、恥をかきたくないし、「下手くそだな」みたいに思われたくないので、なるべくアイデアを練っていいものを出したいと考えるのは自然ではあるんですが、当然、初心者がいきなりいいものを出せるわけがありません。

初めて野球をする人が、一発目にホームランを打とうとするようなものです。そうなると、ほとんどの人は「まず練習をしよう」と思うんですが、バットの振り方などの練習ばかりしても、試合の打席に立たないと成長は限定的なんですね。

このように、一つのアイデアを温め、それを完璧な状態で世に出すために時間とコストをかけすぎていると、「すごいコストをかけているのに結果が出ない」というふうになり、やめてしまうということが起こります。これは何より避けるべき状態です。

昔、堀江貴文さんが言っていたことがおもしろくて、なんであんなに毎週メルマガを大量に書けるのか？　という質問に対して、「座って書き終わるまで立たなきゃいいじゃん」みたいなことを言っていたんですね。

笑い話のようですが、これはかなりよいアドバイスだと思っています。これをやろうとすると、30分や1時間に書ける範囲でアウトプットをしないといけなくなるので、自然と「完璧さ」を犠牲にしないといけなくなります。

そうやってなんとか書いたものを、無理やり投稿することを毎日やっていると技術も上がりますし、お客さんからの反応があると「これがいいんだな」というのがわかるようになってきます。フィードバックされることによって、ニーズなども掴みやすくなるんですね。

というわけで、少ないアイデアを一生懸命大事にしていると、いつの間にか実行したくなくなり、行動量が減ってしまうので、「アイデアは温めてはいけない」というのは、覚えておくといいと思います。

4：「判断」と「決断」を区別する

みなさんは「判断」と「決断」という言葉の違いを説明できますか？　実は、これをごっちゃにしてしまって、うまく動けないことがよくあるんです。

「意思決定をしなければならない」という焦りから、判断すべきところで、決断しちゃったり、逆に「いろいろな意見を聞いたり、調査したりしてから決めよう」という気持ちから、決断すべきところを、判断しようとしちゃったりする、といったイメージです。
　ではこの2つは何が違うのでしょうか？　簡単に言うと判断は、「あれこれ情報を集めて、論理的に考えたり、基準を決めた上で考えを決めること」です。一方、決断は「きっぱりと、こうやるぞ！　と決めてしまうこと」です。

　もう少し詳しく説明すると、判断は、

①判断のための材料を集める
②真偽や善悪を見極める
③自分の考えを定める

みたいな感じのプロセスになりますが、「決断」は意思をはっきりと決定すればそれで終了です。そこには、材料の有無や真偽は関係ありません。
　つまり「判断」でいうところの、材料などをもとに真偽や善悪を決めることとは、まったく性質が違うわけです。

　おなかがすごく空いているときに、すぐそこにキノコが生えていて、これを形状やにおいから「食べられる」と自分の意見を定めるのが「判断」。一方で「俺はおなかがすいているから、このキノコを食うぞ！」というのが決断なわけです。
「判断」すべきものは「判断基準が同じなら、誰が見ても同じ結論になる可能性が高い」というものになります。たとえば「目の前のキノコが食べられるかどうか?」は、そのキノコについて調べることができればわかります。となると、「毒が入っていたら食べない」という判断ができるわけですね。情報やデータを集めれば決められそうです。

逆に言うと、決断に関しては「データや意見を集めても判断が分かれそうなもの」、もしくは「データが手に入らないもの」のときに行うということになります。たとえば、判断が分かれそうなものとして「転職をするか、いまの会社に残るか」などがあります。これって、誰に聞くかによって意見が分かれますよね。

どちらの選択をしても、メリットもデメリットも多くあります。データを並べてみても「何を大事にするか」で判断は変わってきます。「何を大事にして優先順位をつけるか」という決断をしないと前に進めません。どちらにせよ責任を負うのは自分なので、自分で決めないといけないのです。

多くの人がやってしまうのは「時間をかけて判断しようとして、迷って、ずっとぐるぐるする」ことです。これはいちばんムダです。というか「判断しないという決断をしている」という状態なので、「いちばん悪い決断をしている」とも言えます。

決断するための材料を集めることは悪いことではありません。しかし、材料がさほど増えないのに、ずっと時間をかけてしまうのはよくありません。

　こういうケースの場合は、データや意見を集めるのに使う時間は１週間、などと決めてしまうのがいいと思います。転職だったら、メリットとデメリットを洗い出して、わかる範囲のことは全部書き出して、その上で信頼できそうな５人くらいにヒアリングしてみる、という感じです。そうしたらもう、決断しないといけないタイミングだと思います。

　ちなみに、だいたいのケースにおいて「決断は早いほうがいい」というのがあります。１秒で決めても１時間かけて決めても、結果はあまり変わらなかったりします。

　その場合は、早く決断したほうが得なケースが多いです。もちろん「待つと状況が変わるかもしれない」というので待つ決断をするのはアリですが、いつまでも待ってしまう、ということになりかねないので、基本的に「決断するならすぐに決める」というふうに覚えておくといいでしょう。

「そうは言われても、すぐに決断するのは怖いよ」という人も多いと思うので、アマゾンのジェフ・ベゾスさんがやっている、「決断を２つに分けた上でその結果が不可逆かどうかで決める」というものを紹介します。

ジェフ・ベゾスさんは２０１６年の株主レターで次のように言っています。

タイプ１の決断…帰結的、不可逆的な、一方通行のドアのようなもの。ゆっくりと、かつ慎重に慎重に協議して行う必要がある。

タイプ２の決断…変更可能、元に戻すことが可能な、双方向に通行可能なドアのようなもの。権限のある人や、少人数のグループで迅速に行うべき。

タイプ２の場合はすぐに決断したほうがよさそうです。なぜなら、やりながら正しいデータを集められる可能性が高まるからです。

決断前に材料を集めると「他人が作ったデータ」に頼らざるを得なくなります。決断しないといけないようなものは、自分でデータを集めたほうがいいでしょう。だから早く決断してしまったほうがいいんです。

タイプ１に関しては、個人的な解釈で言うと「決断を入念にする」というよりも「リスク管理をする」ということだと思います。リスクの管理についてはこの後すぐ説明します。

決断をしたあとに起こり得るリスク（危険という意味ではありません。不確定要素が高いという意味です）を洗い出しておいて、それを一覧にして、対処法を考えておけばいいのです。

キノコの例で言うと「毒だった場合、すぐに吐き出せるように水を用意しておく」とか、「食べ終わって問題があったときのために解毒剤になり得るものを用意しておく」などというイメージですね。

リスクは「避ける」ものじゃなく、「管理」するものです。これについては、5の「リスク管理表を作る」で説明します。

ちなみに、前述した『物語の法則』という本におもしろいことが書いてありました。それは「物語における、シーンとは何か?」という話です。普通に考えると、「場面」という意味ですが、この本ではおもしろい考え方をしています。

この本によると「シーン」とは、「取引の場」なのだそうです。お金の取引だけでなく、キャラクター同士の政治的便宜や、権力の構造の変化などの交渉がなされる場だと。取引が完了して、新しい契約が結ばれたら、そのシーンは終わるべきだそうです。

日本人にとっては「取引（deal）」と聞くと重い感じがすると思うのですが、「deal」は英語だと「Great deal.（お買い得）」とか「It's not a big deal.（たいしたことないよ）」と日常的にも使われる言葉なんです。取引よりも、もう少しライトな言葉です。

そして、ここでいう「シーン＝取引の場」というのは、感覚としては「問題に直面して、それに対して何か決めたりすることで、状況が変わった瞬間を、1シーンとする」ということなのだと思います。

すべてのシーンを、広義の意味での「取引」単位で区切ると、決断のスピードが上がります。決断できずにいるということは、「シーンが長くなりすぎてしまっていて、物語としてはめちゃくちゃダレている」ということです。

人生をシーン単位で考えると「このシーンが長すぎるから、そろそろ場面転換をしないといけないな」というふうに意識できて、決断しやすくなるのです。

「物語が転がっていないな」「現状維持から抜け出したいな」というときは、シーンで人生を区切ってみることです。

「転職しよう」とか「起業しよう」とかライフイベントで大きく区切る必要はありません。ちょっとした心境や状況の変化で人生を区切れば、物語は転がっていきます。

「判断」と「決断」の区別がつきづらいのは、どちらも結果として「決定」が行われるという点では同じだからですが、「判断」すべきところで「決断」しようとしている人や、「決断」すべきところをずっと「判断」しようとして、いろいろな人に聞いてみるけど意見がバラバラで迷って、「結局決められない！」という人は、判断と決断の違いを意識してみてください。

5：リスク管理表を作る

物語を転がすとき、挑戦の大きさだけを考えると「リスクが高くてできない」という気持ちになってしまう人も多いと思います。転職する、とか起業する、とかになれば、どうしても大きなリスクがあるわけです。

そこで試してほしいのが「リスク管理表」を作ることです。

リスクというと「とる・とらない」の話になりがちですが、そうではありません。**リスクは「管理する・しない」の話で、そのほうが大事です。**

たとえば山に行くときに「毒蛇に咬《か》まれる」というリスクがあったとします。もちろん、「だったら山に行かない」という選択もあります。

しかし、リスク管理とは、「咬まれたとき用の解毒剤を持ち歩く」「スマホの中に、近くの医療機関の連絡先を入れておく」などの対応策を用意しておくことで、リスクを認識しながら、実行にまで移します。あらゆるリスクを想定し、それを回避する方法と、起こってしまった場合の対策の両方を決めておくことで、リスクがあるからといってやらなくなる、ということを避けられます。

リスク管理をするにあたっては、まず想定されるリスクをすべて洗い出します。たとえば、起業しようというときだったら「収入がなくなる」「家族に反対される」などと書き出します。

次にリスクを回避する方法と、実際に起こってしまった場合の対策を考えます。「収入がなくなる」というリスクに対しては「見込み客を確保して、売上が半年間はある状態になってから起業する」だったり、「貯金がなくなったら会社員に戻る。そのためにすぐに就職できそうな会社を事前にピックアップしておく」といった具合になります。

「起業して収入がなくなったらどうしよう……」という状態で止まっていると、リスクをとる・とらないの話になって動けなくなってしまいます。そうすると、勇気の話になってしまうんですね。勇気を出して起業する、勇気がないから起業しない、となってしまいます。

しかし、きちんとリスクが管理できていれば「このくらいまでのリスクなら許容できるな」とわかります。リスクがあることで、むしろ挑戦しやすくなるというわけです。

簡単に例を出します。

やりたいこと

フリーランスで働く

起こり得るリスク

・クライアントとトラブルになったり、事業自体がなくなったりで、仕事がなくなる
・収入が不安定になり、支払いが滞る
・自己管理ができず、仕事が進まなくなる
・孤独に仕事をするのがつらく、心を病んでしまう

リスクを回避する方法

・向こう2年は暮らせるだけの貯金ができてから独立する
・仕事が軌道に乗るまでは会社員として働きながら副業でやる
・フリーランスの仲間を見つけ、互いに体調やメンタルの管理をする
・すぐ会社員に戻れるように就職できそうな会社を探しておく
・複数のクライアントと並行して仕事をし、取引先が一つなくなっても困らないようにする

起こってしまった場合の対策

・実家に帰ってしばらく暮らせるように話をつけておく
・評判のいいメンタルクリニックなどを調べておく

一方、「勇気の有無」を基準に行動をするというパターンについても書いておきます。これをやると、大変なことになってしまったりします。

人生でも仕事でもそうなんですが、うまくいっている人の共通点を見ると「博打《ばくち》を打たない」というのがあります。

挑戦をしようという人がやりがちなパターンとして、「自分は追い詰められないとやらないから、えいや！　で行動に移す」というのがあります。

たとえば、起業をしたいと思っているけどなかなかできなかった人が「このままだと一生し

ないから、明日会社をやめて、やらざるを得ない状況にするぞ」とかしちゃったりします。

何か大きな行動をとるときに「勇気」の問題にして、勇気を出して行動してしまっているんですね。これで成功する人もたまにいるものの、多くの場合、一度つまずくとどんどん悪い状況に追い込まれてしまい、より博打を打たないといけない状態になったりします。

たとえば、えいや！　で起業してしまったときには……。

「とりあえず会社をやめてしまったけど、本格的に会社が立ち上がって収入が入るまでに３ヶ月かかる。この時点で、すでに貯金が１００万円減ってしまった。残りの貯金は、３ヶ月で尽きてしまう。なので、３ヶ月以内に、すぐにお金が入るビジネスを考えないといけない」

みたいな状態になってしまったりします。

当たり前ですが、３ヶ月後にお金が入る事業を立ち上げるというのはなかなかの難易度です。仮にすごくうまくいって、１ヶ月で何か商品を作って、１ヶ月営業して売れたとしても、お金が入るのはその翌月だったりするので、もうギリギリです。

この場合、１ヶ月で作った商品が営業をしても売れなかったら、もう詰んでしまうわけです。この時点で、すごく大きな博打をしてしまうことになるんですね。

それで、１ヶ月で作った商品が売れないと1ヶ月営業して気づいたときに、残された期間は

１ヶ月だけになってしまうので、さらに大きな博打を打たざるを得なくなります。たとえば「１０００万円借りて、それを元手に新しい商品を作るぞ」みたいな感じです。

そうやって商品を作って、また売れなかったら大変です。今度は１０００万円の借金ができてしまうわけです。

そうすると、より大きな一発逆転を狙わないといけないので、次は「作った商品の広告を、５００万円使って出すぞ！」みたいになっていき……。どんどん深みにハマってしまうんですね。

このように、追い詰められれば追い詰められるほど、より大きな博打を打たなければいけなくなるので、適切なチャレンジができなくなっていくし、失敗したときのダメージも大きくなってしまいます。

というわけで、「博打を打つしかない」という状況になってしまっている時点で、すでに負けているようなものです。

一方、成功する人は、何かを始めるとき、絶対に負けない状態を作っていたり、負けたとしてもダメージが少ないように、リスク管理をしたりしているんですね。

たとえば、何かプロジェクトをするときに「失敗しても、損失は１０００万円で済む。今、現金が1億円あるから、会社が傾くことはない」だったり「予算が３０００万円かかるが、その３０００万円はもう回収の目処がついている。大失敗したとしても、プラスマイナス０円で、人件費だけで済む」みたいに調整していたりします。

人生においても「起業して会社を立ち上げるが、設立から半年間は、この会社からの収入でなんとか暮らしていける。1年後に失敗しても、今勤めている会社に戻ることができる」みたいな状態で会社をやめたりします。

意外に思われるかもしれませんが、成功する人と失敗する人は、実は新しいことに取り組むときの成功率はそんなに変わらないんです。運とか、社会の流れとかの要素もあるので、能力だけの問題じゃないからです。

でも、失敗の度合いには大きく差が出ます。下手な失敗をする人は、一度の失敗で大ダメージを負ってしまって、次のチャレンジをしづらくなる一方、上手に失敗するやり方を知っている人は、何度も挑戦できる体制を築けます。

というわけで、何かにチャレンジするときは、自分がリスクをコントロールできる範囲でやらないと、負のループに入ってしまうので気をつけてください。

「失敗」が物語をおもしろくする

最後に失敗について書いておきます。物語を転がせば転がすほど、必ずリスクが発生します。当然、失敗することも出てきます。

失敗には「マイナス」のイメージがありますよね。多くの人が失敗したくない、と思うはずです。でも、物語だと捉えればむしろ「プラス」です。

何も失敗しない物語の主人公がいいかというと、そういうわけでもないはずです。失敗や敗北をするからこそ、魅力的だったりもする。物語として考えると、失敗はまったく無駄じゃないんです。

「失敗していると揶揄《やゆ》されたりするんじゃないか」と不安になる方も多いと思います。

人間の本能なのか、噂話は人間のコミュニケーションの中でも大部分を占めます。実際に、イギリスの有名な人類学者のロビン・ダンバーによる、「人間のコミュニケーションの7割が噂話だった」という調査結果を見たことがあります。

芸能人の不倫ゴシップなどにはあまり興味がないんですけど、ぼくはお笑いが好きなので、ぼくのニュース欄には、お笑いタレントがこういった、昔こういうことがあった、みたいなニュースが常に流れてきます。

そうすると、つい見ちゃうんですよね。やっぱり興味ある人の話題だったら、単なる噂話でも気になってしまうようです。

人間は噂話が好きなので、何かに取り組んでいるといろいろな人の評価にさらされ、それが噂話として広がっていきます。「あの人は今イケている」とか「あの人はもう終わった」とかですね。

自分の話題になると、こういうのは気になって仕方がないと思うんですが、20年くらいインターネット業界で働いていて、このように噂話で聞くような人の評価は、本当にあてにならないから気にする必要は一切ないなと考えるようになりました。

たとえば、個人名を出すのは避けますが、起業した会社を売却して世界一周の旅をしている人を見て、「あの人はもう挑戦をやめてしまった」みたいに評価する人がいたんですが、当の揶揄されていた人は、数年後にもう一度起業して、さらなる成功を収めたりしました。

また、知り合いに匿名掲示板を運営していた人がいたんですが、その人は数年前くらいまでは特にサービスを手がけていなかったので「もう終わったよね」と言われてたりしましたが、今ではYouTubeで大ブレイクし、テレビなどでしょっちゅう見るくらいの活躍をしています。

周りを見渡すだけでも、そういう例が本当にたくさんあります。

人のことを評価する人は、「点」で評価しがちです。それは、リアルタイムに同じ時代を生きていると、今が「終着点」のように見えてしまうからだと思います。しかし、ちゃんと人の人生を評価するとすれば、「線」で評価されるべきです。

今のぼくたちが、スティーブ・ジョブズがかつてAppleから追い出されたという一点を見て、「あの人は終わった」と言うことはないわけです。それは、彼の人生が最初から最後までですでに確定されており、線で把握できるからです。

反対に、今は評価が非常に高かったとしても、その後に評価を下げてしまう人もいるし、そこからまた上がっていく人もいます。また、死後ずいぶん経ってから評価が変わる人すらいるくらいです。

線で捉えれば、スティーブ・ジョブズが一度はAppleを追い出されたという失敗のエピソードも、人生という物語に深みをもたらす要素になるわけです。

また、SNS社会になったこともあり、失敗でさえもみんなに見てもらえる「コンテンツ」になります。失敗というコンテンツが人々から応援されて、仲間やお金を呼んでくることすらあります。

ぼくは「アル開発室」という有料の会員制メディアで、会社でやっていることや失敗談なども毎日記事に書いているのですが、失敗談のほうがはるかに人気です。こう考えると、失敗はどんどんしたほうが得だな、とすら思います。

ぼくは個人的に、いろいろなスタートアップ企業に投資をしているのですが、トラブルだらけの投資先のほうが株主はすごく反応します。「すみません、社員がキャッシュカードを落として会社の口座から数百万円盗まれました！」とか「ちょっとやばい人たちに睨《にら》まれてます！」とか、そういうほうが変な話、みんな盛り上がるんですよね。

というわけで、**物語を転がす際に、失敗をすることは決してマイナスではない、**という考えをぜひ持っていただければと思います。

ステップ5のまとめ

ステップ5では、物語の転がし方について書きました。

「物語思考」で大事にしているのは、「プロセスのほうが大事」という考えです。目標や、やりたいことなどもとても大事ですが、目標がある人のほうがそもそも少ないと思っています。

だから、高い目標ではなく、自分がワクワクできる「名場面」をイメージして、そのシーンを再現するための、小さな行動目標を作ってみました。何かすごい目標に向かってがんばるより、人生を「名場面」でいっぱいにするほうが、プロセスを充実させられると思います。

では、いよいよ、エンディングを迎えます。

[ワークシート⑧]

名場面を一つ選び、
動作を小分けしてみよう

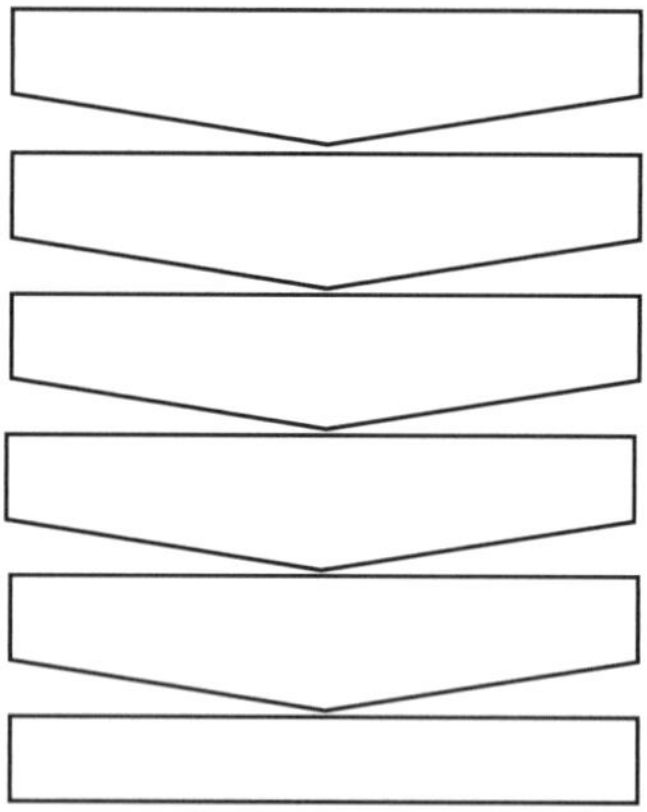

［ワークシート⑨］

動作をさらに
ステップ・タスク化してみよう

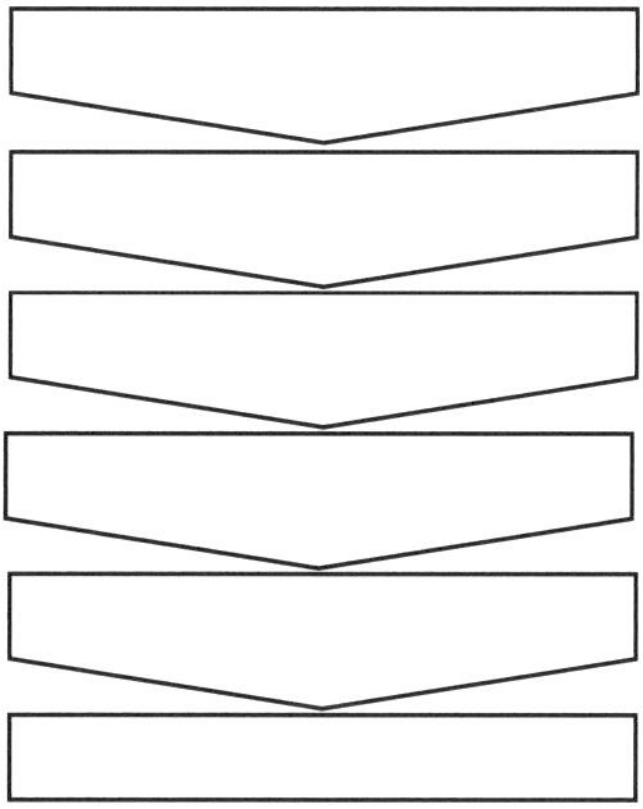

[ワークシート⑩]

自分が思っていること、
不安をそのまま言葉に書き出してみよう

［ワークシート⑪］

リスク管理表をつくってみよう

あなたのやりたいことは？

起こりうるリスクはなんだろう？

そのリスクを回避する方法は？

もし起こってしまった場合の対策は？

エンディング

LEVEL UP

物語に
ゴールはない

さて、ここまでで、本書で伝えたいことは、ほとんど伝えることができました。

このエンディングでは、「やりたいことを見つけよう」や「キャリアプランを作って、そのとおりにやろう」みたいな方法がなぜうまくいかなかったのか？　みたいなところをお話ししつつ、今までの本書の要点をおさらいしようと思います。

①自分を制限している頭の枷を取る
②なりたいキャラクター像を設定する
③そのキャラを実際に動かす
④そのキャラが活きる環境を作る
⑤そのキャラで「物語を転がす」

というステップで話してきました。このステップをものすごくざっくりと別の言葉でいいなおすと「自分の将来なりたい像を決めて、それに近づくために一番良いキャラを作り、そのキャラとして行動をしていく」みたいな感じです。

これは、一般的にするような「今までの人生を振り返って分析をして、今の自分ができること、やりたいことを考えて、それを元に人生のプランを作っていく」という考え方とは、まったく逆の方向でやっているんですね。

なぜ今までのやり方がうまくいかなかったのか？

自分の人生のプランを作るときに、「自分は何が好きなのか、何がやりたいのか、というのを自己分析してキャリアプランを作る」というのは一見よさそうです。就職活動で自己分析をして、今までの自分を振り返り、自分の趣味趣向ややりたいこと、得意なことを把握していく作業をしたことがある人も多いのではないでしょうか。

しかし実際は、多くの人が、そのような形で人生設計をしようとして、「やりたいことが見つからない」「自分の得意なことがわからない」「キャリアプランが思いつかない」というので悩んで止まってしまうのです。「自己分析をやったけど、自分のやりたいことなんてわからなかった」という人が非常に多いんですね。

これがなんでうまくいかないかをわかりやすく説明するために、ちょっと漫画の物語の作り方についてお話しします。

漫画を描いたことがない人からすれば、漫画の物語を作るときには、ストーリーがあって、それに対してキャラクターが当てはまっていきそうなイメージがあるかもしれません。最終回がなんとなく決まっていて、そこに向かう道筋が決まっていて、その道筋をなぞるのがキャラ、というイメージです。

しかし、実際は、漫画などの物語においては、キャラに応じてストーリーが決まっていく、というケースも多いらしいんです。もちろん、ストーリーがきっちり決まっているものも多数あるのですが、その場合でも、「キャラが勝手に動いて、予想外のところに物語が進んでいく」ということも珍しくないんだとか。

仕事柄、漫画を描いている方とお話をすることがあるのですが、「漫画制作においてはストーリーを練ることよりも、まずはいいキャラクターを作ることがもっとも大切」という話をする人が多いのですね。もちろん、ストーリーや作画も大事だし、他にもいろいろな漫画作りのノウハウや主張はありますが、「キャラは大事ではない」という人に出会ったことはありません。

とある漫画家の先生は、「いいキャラクターさえいれば、キャラクター同士が出会ったときに、どんな話をするのか、どんな行動をとるのかが自然に決まる」とすらいっていました。それらが会ったときにどうなるかは、実際に描いてみるまでわからない、ということすらあるんだとか。当然、物語の作者がストーリーを描いているはずなんですが、当の漫画家からしてみると、キャラクターが勝手に動いている感覚に近いらしいんです。

自分が考えたストーリーがあるのに、キャラが勝手に動いて好きなことをしてしまうため、「どうしてそんなことをするんだ！」と怒りながら漫画を描いた、というエピソードも聞いたことがあります。これを聞いたときは、さすがにびっくりしました。

誤解を恐れずにいうと、物語を作る上でもっとも大事なのが「キャラをどう作るのか」という点であるといえます。

そう考えると、自分のやりたいことを見つけようとしたり、キャリアプランを作ろうとしてもうまくいかない、という人は、そもそも「自分というキャラがちゃんとしていない」のが問題なんです。もしも、自分が強烈な個性を持った、魅力的なキャラだとしたら、おそらく苦労せずにそれが作れてしまうはずです。

時々いる、若いうちからやりたいことが決まっており、まっすぐと目標に向かって進んでいるような人は、だいたいキャラが立っているんです。キャラが立っているからこそ行動が決まっているんじゃないかとすら思います。

ということは、やはり本書で書いてきたように「理想の状態に向かう、一番よいキャラを設計して、そのキャラとして行動する」というのが一番、人生を動かす上で効果的なんじゃないかと思っています。

未来はどうなるのか？　は予想できない

さらにちょっと考えてみると、実際の人生では、フィクションの物語と違って、何が起こるのかは本当にわかりません。どんな時代のどんな天才でも未来なんて予測できないんです。たとえば、明治維新あたりに生まれた人が、１００歳ちょっとまで生きたとしたら、ちょんまげの侍がいた時代から、第二次世界大戦で敗戦したのちに高度経済成長でアメリカに次ぐ世界第二位の経済大国になるところまで経験するわけです。そんな人生、予想できるはずがないですよね。

今の時代は、さらに変化の速度があがっており、予想不能なほどテクノロジーが進化していっています。そんな時代に、キャリアプランなんて描けるわけがありません。そんなことを一生懸命考えても、そのとおりにいく可能性は極めて低いわけです。

ぼくの経験でいうと、インターネットの仕事につくなんてことは中学生の頃はわかりませんでした。インターネットの仕事というものがほとんど存在しなかったからです。大学卒業後に新卒で会社に入ったときも、10年後に、モバイルアプリのプロデュース業をやっているとは思いませんでした。スマートフォンというものが、ほぼ使われていなかったからです。そして、その10年後には、ＮＦＴとか、ＡＩを使ったサービス作りの仕事をしているとは思いませんんでした。こうしたものは、当時ほぼ存在していないも同義だったからです。

たった10年の間ですら、今存在していないものを将来仕事にする、ということが起こっているわけですね。

しかし、「将来なりたい像から逆算して作られた魅力的なキャラ」が設定されていれば、どんな状況でも、なりたい像に向かった行動ができるようになります。たとえば、織田信長のような革新的なキャラは、今の時代ならどのように行動するのか？　を考えてみると、結構簡単に想像がつくんです。おそらくＡＩなどをフル活用して、自分の目標に向かって突き進みそうですし、今までの常識に囚われた行動などはせずに、新しい活用法を生み出しそうです。

やりたいことやキャリアプランを設定しても、予想外の未来が来ることで無駄になることが多いですが、キャラを作っておけば、どんな未来が来たとしても対応ができるんです。

キャラを作る利点は「客観的になれる」

また、キャラを作っておくという行為は、もうひとつ大きな利点があります。それは「客観的に自分を眺めることができる」という点です。言い換えると、良い意味で他人事化することにより、迷いと不安を消しやすくなるんです。

ほとんどの人は自分のことになると、慎重になってしまいます。自分のことが大事すぎて、危険に晒すようなことは本能的に避けたくなるんですね。だからこそ「やりたいこと」を見つけて決めることもできないし、キャリアプランを立てることも、すごくハードルが高く感じてしまう。そして、そんな不安な気持ちから慎重になり、慎重になるからこそ行動が変になり、行動が変だから人生がうまくいかない、という罠にハマってしまいます。だからといって「勇気を出して行動しよう」みたいなビジネス書を読んで、急に行動を変えることもできません。

でも、「このキャラだったらどう動くかな」みたいな客観視ができるようになることで、「まあ、あいつだったらこう動くよな」ということが、正しく認知できるようになります。「○○だったらこう動く」みたいな、他人事として考えるのはすごく楽なんです。映画とか漫画を見ているときに「こう動けばいいのになあ」とか考えるのは簡単じゃないですか。そんな感じで自分のキャラを客観視できるようになるといいんじゃないかなと思っています。

なぜキャラクター思考じゃなくて「物語思考」なのか？

ここまで書くと「そんなにキャラが大事だというなら、「物語思考」じゃなくて、キャラクター思考とでも言えばいいんじゃないか？」と思うかもしれませんが、ぼくが「物語」にこだわっているのには理由があります。それは、「人は物語を使うことで、思考や行動を大きく変えることができる」と思っているからです。

『ストーリーが世界を滅ぼす―物語があなたの脳を操作する』という本によると、「物語が他人の心に影響を与える唯一にして最強の方法」とあります。この本で作者は「コミュニケーションは、人をなびかせる（自分の意に従わせる）ためにある」といった趣旨のことを書いていますが、その中でも、物語を使うことが人の思考と行動に大きな影響を与えるといっているのです。

そして、ぼくは物語がもっとも人の思考と行動に影響を与えるなら、まず自分に使えば、人生をよい方向にもっていくことができるのではないか？　と思っています。なので、単にキャラになりきることが大事なのではなくて、そのキャラが生きる物語として捉えるのが重要なんです。

多くの人がやっている「自己分析をして、やりたいことを見つけて、キャリアプランを作る」というのは、過去からの延長で、自分の物語を考えてしまっています。今までの人生がこうだったから、これからの人生もこうなるだろう、と予測しているわけです。

しかし、本書でも書きましたが、過去は今の自分にさほど影響を与えません。むしろ「未来の自分がどうなっていたいか？」からの逆算で、今の自分の行動が決まるんです。だからこそ「未来の自分の理想の姿を作った上で、キャラを作って、それで行動をすることで、物語を書き換える」というのが大事なんです。

その物語こそが、あなたがこれから歩む人生になるわけですが、これは一言でいうと、**「主人公の成長物語」なんですね。なりたい自分になるための物語なんです。**

未来に何が起こるのか、どんな状況になるのかは誰にもわからない。しかし、主人公が、なりたい自分になるために成長していく、という物語の筋書きは変わりません。

物語としてそれを頭に入れておくと、納得度が上がり、思考と行動が変わります。物語の中の、細かい状況が変わったとしても、**本筋はずっと「あなたという主人公が、なりたい自分になるための成長物語」なわけです。その筋書きが変わることはありません。**

一方で、やりたいことを決めて、キャリアプランを作るやり方だと、予想外のことがおきたり、やりたいと思ってたことが必要とされない時代になったりすると、物語の筋書きをまた作り直すことになってしまいます。そうしたら、また、自己分析をして、やりたいことを見つけて、からのスタートになってしまいます。

それを避けるために、「物語思考」のやり方に基づいて、**「未来になりたい像から逆算し、そのなりたい像に向かって進めるキャラを作って、行動していく」という、「あなたの成長物語」を作り、あえて思考と行動を変えていってほしい**のです。それこそが本書で伝えたいことでした。

というわけで、この本が、自分という物語の主人公になり、なりたい自分像に向かって成長していく物語を進むためのきっかけになれば嬉しいなと思っています。

がんばってね。

エンディングのまとめ

いよいよ、この物語もおわりが近付いてきています。

エンディングでは、未来を予想できない時代だからこそ、キャリアプランではなくキャラを作った方が対応しやすいという話をしました。

なぜなら人は物語によって考え方や行動が変わる生き物だからです。

人生とは「あなたという主人公が、なりたい自分になるための成長物語」。ということで、

がんばってね。

おわりに

最後に、「あとがき」のようなものを書きます。

周りに、経営者の人や起業家の友だちが多いのですが……みんな言うのは「自己啓発本みたいなものは書きたくない」ということです。

気持ちはわかります。なんかぼくも、かっこいい自伝とか、専門書とか、最新の技術や知識についてしか本を書きたくないというのがずっとありました。本の依頼をたくさんいただいたことがあるんですが、技術系以外は書いたことがなかったんです。

しかし……振り返ってみると、ぼく、めちゃくちゃ自己啓発本が好きなんですね。能力が低い自覚があり、精神的にもあまり強くなく、ほかのリーダーシップを発揮するような強い人達みたいにはまったくなれそうもない性格だったからこそ、自己啓発本を読みまくることで、なんとかならないかと思ってたんです。

で、結論「めちゃくちゃ読んで、そのとおりにすると、結構できちゃう」ということがわかったんです。学生のころから、みんながバカにするような自己啓発本を読んで、すごく実践してたんです。

そんなぼくが、格好つけて、自己啓発本なんて書きたくないよ、といっているの、なんか違うなと思ったんです。なので、がんばって書きました。

ちなみに、本書は「アル開発室」（https://salon.jp/alu）という、有料のマガジンなどで書かれたものなどを中心として再構成したものです。アル開発室では、平日に毎日３０００文字くらいの記事を投稿しているので、本書を気に入ってくれた方は是非検索してみてください。
また、インターネット上にぼくはよく出現しているので、本書についてわからないことがあったら、遠慮なく質問やコメントなどをいただけると幸いです。

以下、謝辞的なものです。

この本は、編集者の箕輪厚介さんにお声がけいただき、結局書くことになりました。1年以上かかってしまいましたが、納得がいくまで何度も書き直し、熟成させ、議論を重ねて書いた本です。箕輪さんは紛れもなく天才編集者でした。彼の助言なしでは書ききれなかったと思います。

また、前述したアル開発室でも、たくさんのフィードバックをいただきました。こちらもあわせてお礼申し上げます。

他にも、毎日刺激をくれアドバイスをくれるキングコングの西野亮廣さんや、IT批評家の尾原和啓さん、執筆を手伝ってくれた岡島さん、インターネットの世界の魅力を教えてくれたひろゆきさんや糸井重里さん、ぼくの歴史の知識を増やして視野を広げてくれているコテンの深井龍之介さんには感謝しかございません。名前をあげ続けると1000人を超えてしまうのでこのくらいにしておきますが、本当にありがとうございます。

本書が、みなさんの人生が少しでも変わるきっかけになれば幸いです。

２０２３／５／15　古川健介（けんすう）

装幀　トサカデザイン（戸倉 巖、小酒保子）
ブックライター　竹村俊助（WORDS）
ドット絵　前田高志、小野幸裕（NASU）
図版　柴山由香、野元萌乃佳（LA BOUSSOLE）
編集　箕輪厚介、木内旭洋（幻冬舎）

物語思考
「やりたいこと」が見つからなくて悩む人のキャリア設計術

２０２３年９月５日　第１刷発行
２０２４年７月25日　第４刷発行

著者　けんすう（古川健介）
発行人　見城　徹
編集者　箕輪厚介　木内旭洋
発行所　株式会社　幻冬舎
〒１５１-００５１　東京都渋谷区千駄ヶ谷４-９-７
電話　０３（５４１１）６２１１［編集］
　　　０３（５４１１）６２２２［営業］
公式ＨＰ　https://www.gentosha.co.jp/

印刷・製本所　中央精版印刷株式会社

Printed in Japan　ISBN978-4-344-03740-3 C0030

この本に関するご意見・ご感想は、
下記アンケートフォームからお寄せください。
https://www.gentosha.co.jp/e/